KB249448

신화가 되어버린

싱가포르

본 도서는 한국학술정보(주)와 저작자 간에 출판권 및 전송권 계약이 체결된 도서로서, 당사와의 계약에 의해 이 도서를 구매한 도서관은 대학(동일 캠퍼스) 내에서 정당한 이용권자(재적학생 및 교직원)에게 전송할 수 있는 권리를 보유하게 됩니다. 그러나 다른 지역으로의 전송과 정당한 이용권자 이외의 이용은 금지되어 있습니다.

신화가 되어버린

싱가포르

이용주 / 김덕영

차 례

I.
싱가포르의 두 얼굴

싱가포르는 말레이시아 최남단에 위치한 조그마한 섬나라인 동시에 인구가 500만도 안되는 초미니 도시 국가이다. 대부분의 한국인에게는 신혼여행 정도 가는 나라라고 알려져 있다. 싱가포르는 미국이나 일본과 같이 그다지 중요하지 않은 나라이고, 그저 아무 부담감 없이 여행이나 할 수 있는 곳이라고 생각한다. 한 편으로는 싱가포르를 아주 가볍게 생각하지만, 또 다른 편으로는 적도의 기적을 이루어 낸 동남아시아의 진주로서 싱가포르를 바라보기도 한다. 우리는 싱가포르에 대하여 이러한 이중적 시각을 가지고 있다. 전자는 단지 작은 도시 국가라는 이미지에 의하여 구축된 것이라면, 후자는 미디어와 관광을 통하여 심어진 인식이라고 할 수 있다. 싱가포르에 대한 긍정적인 이미지는 한국인들에게 점차로 환상으로 발전되

었고, 이제는 신화가 되어 버렸다.

　사실 한국인들은 싱가포르가 어떠한 나라인지 확실히 알고 있지는 못하다. 그렇지만, 우리들은 싱가포르가 작지만 경제적으로 매우 성공한 국가이고, 질서가 정연하고, 부패가 없는 지극히 투명한 나라라고 어렴풋하게 알고 있다. 이는 싱가포르 거리의 깨끗한 이미지와 미디어에 의해 각인된 경제부국으로서의 싱가포르에 대한 인식이 빚어낸 결과인지 모르겠다. 이것이 우리 한국인에게 신화로 장식되어 비춰어지는 싱가포르의 얼굴이다. 그 신화를 벗겨 내면, 또 하나의 싱가포르 얼굴이 있다. 이는 우리에게 드러나지 않는 감추어진 얼굴이다. 이 책을 통하여 싱가포르는 어떻게 한국인에게 신화가 되었는지를 밝혀 보고자 한다. 신화를 제거 하면서, 싱가포르의 실체를 객관적으로 그려 보고자 한다. 싱가포르 신화에 대한 빛과 그림자를 파악함으로써 한국인들이 갖고 있었던 싱가포르에 대한 막연한 환상을 걷어 내려고 한다. 싱가포르가 왜 한국인들에게 신화가 되었는지를 분석하고, 싱가포르의 신화를 걷어 내고자 하는 것은 싱가포르의 실체를 정확히 파악해 보자는데 궁극적 목적이 있는 것이 아니다. 이를 통하여 싱가포르에 대한 환상에 쉽게 함몰하는 한국문화의 특성과 사고방식을 밝혀 보고자 하는 것이다. 싱가포르의 사례를 통하여 우리의 모습을 성찰하고, 점검해 보려는 것이다.

　싱가포르를 신화로 인식하는 우리 문화는 한국이 건실한 민주사회로 도약하는데 큰 걸림돌이 되고 있다고 본다. 조속히 성숙한 민주주의와 시민사회를 이룩해야 하는 현 시점에서 민주주의 발전을 저해하는 우리문화의 결점을 파악하고, 이를 과감히 시정해야 된다고 본다. 한국사회가 더 이상 성숙한 시민사회로 발돋움 하지 못하는 이유 중의 하나는 민주사회를 위한 정신적 인프라가 매우 취약하기 때문이다. 이러한 결함은 극단적인 권위주의 사회의 산물이라고 할 수 있는 싱가포르의 초고속 성장을 무비판적으로 수용하였고, 심지어 싱가포르 모델을 한국의 벤치마킹 대상으로까지 받아들이고 있는 형편이다.

싱가포르는 보편성이 현저히 결여 되어 있는 '아시아적 가치'라는 이념 위에 건설된 가부장적 권위주의 사회이다. 한국사회는 지금 성숙한 민주사회로 발전해 나가야 한다. 그런데 한국사회가 비민주적인 권위주의 체제에서 유래된 모델과 그 성과에 찬사를 보낸다면, 이는 실로 이율배반적이고 자가당착적인 행위라 하지 않을 수 없다. 아직도 싱가포르 사회는 최소한의 기본권도 보장되지 않는 인권사각지대이다. 싱가포르는 1965년 독립이후 줄곧, 일인일당 독재체제를 유지해 왔고, 철두철미하게 통제된 상황에서 초고속 경제성장을 이룩하였다. 한국사회는 신화에 포장되어 있는 싱가포르의 이미지 뒤에 숨겨진 싱가포르의 모습은 애써 외면해 왔다. 일부 지식인, 정치인들은 신화로 비춰어진 싱가포르의 얼굴만을 선택적으로 바라보았고, 극찬을 아끼지 아니 했다. 이렇게 편향된 싱가포르에 대한 시각은 한국사회 발전에 명백한 저해 요소로 작용할 수 있다고 본다. 기본권, 개인권리, 인권, 인간의 존엄성 등을 철저히 무시하는 싱가포르의 집단주의적 권위주의 체제를 용납한다는 것은 우리의 시계바늘을 거꾸로 돌리려는 것과 조금도 다름이 없다.

한국의 일부 식자층은 싱가포르의 시스템을 연구하여 우리가 배워야 한다고 하고, 심지어는 수십 년간 독재체제를 고수해 온 리콴유를 위대한 지도자라고 존경하기도 한다. 한 때, 장래가 촉망 되었던 젊은 정치인이 말하기를 그가 세계에서 가장 존경하는 정치인은 리콴유라고 하였다. 그는 자신이 나이가 너무 어리다는 걱정을 들으면, 서슴없이 싱가포르의 리콴유는 약관 36세에 총리직에 올랐다고 항변하기도 하였다. 그는 리콴유와 그를 동일시하며, 대권을 꿈꾸고 있었던 것 같다. 그가 학생시절에 민주화 운동에 선봉에 섰다는 사실이 너무나도 의심스럽게 느껴진다. 민주화 투쟁을 한 그가 민주화와 정반대로 나간 리콴유를 모델로 삼는 것은 자기부정이요, 명백한 모순이 아닐 수 없다. 더욱 놀라운 것은 그런 발언을 문제 삼는 언론이 하나도 없었다는 것이다. 이는 우리사회가 싱가포르 신화에 깊이 빠져 있기 때문에 싱가포르의 숨겨진 얼굴은 철저히 간과하기 때문이라고 생각한다.

한국사회가 민주화를 이룩했다고는 하나 아직 정신적 인프라는 무척 취약하다고 본다. 리콴유와 같이 개인권리나 기본권을 보장하지도 않은 정치인을 존경할 수도 있는 것은 그만큼 민주주의와 시민사회를 이룩할 기본적인 토양이 부족한 데서 연유한다고 생각한다. 그것도 학생시절에 민주화 투쟁을 하였다는 젊은 정치인이 리콴유를 모델로 삼은 것은 기가 막힐 노릇이다. 그 자신도 리콴유와 같은 독재자가 되어 민주주의를 말살하고 인권을 탄압하며, 자식에게 그 자리를 물려주려고 하는 것인가?

　한국은 민주화가 되었고, 시민사회가 한참 성숙하고 있다. 그러나 민주주의와 인권에 대한 기본적인 개념이 건실하게 정립되어 있지는 못하다. 일반시민은 말할 것도 없고, 정치인과 일부 지식인들도 그러하다. 이러한 결함으로 인하여 우리사회는 싱가포르의 신화에 쉽사리 도취 해 버리고 만 것이다. 우리는 민주주의와 시민사회를 위한 기초소양이 부족해서 많은 오류를 낳게 하였고, 혼란에 빠지게 되었다. 과거 박정희의 독재는 현재 청산해야 될 대상이 되었다. 그런데 공교롭게도 외국의 독재정권은 벤치마킹의 대상이 되고 있다. 박정희는 18년간 권좌에서 독재 권력을 행사 하였지만, 리콴유는 1959년에 집권하여 지금까지 무려 46년 동안 권좌를 지키고 있다. 그리고 아들에게 권력을 세습하기까지 하였다. 그는 박정희와 비교도 될 수 없는 더 지독한 독재자다. 리콴유의 권위주의 체제를 용납한다면, 박정희의 유신독재도 마땅히 면죄부를 주어야 할 것이다. 싱가포르의 성장과정에 대한 면밀한 검토 없이, 그 결과만을 극찬하며 환상에 빠지는 것은 우리에 갇혀 자유가 억압되어 있는 배부른 돼지를 부러워하는 것과 조금도 다르지 않다. 한국사회가 갖고 있는 오류를 싱가포르의 사례를 통하여 진단하고자 한다. 단원 Ⅱ에서는 우리사회에 어떠한 요인들이 싱가포르를 신화로 만들었는가를 분석한다. 한국사회가 싱가포르의 두 얼굴 중, 신화로 부각되는 얼굴만을 보게 된 이유를 밝힌다. 단원 Ⅲ에서는 싱가포르가 외부에 신화의 이미지로 부각 될 수 있는 물리적 여건들에 대하여 논의하도록 한다. 다시 말해, 싱가포르가 전 세계에 칭찬을 듣게 되는 직접적인 요인들에 대하여 다루기로 한다. 단원 Ⅳ에서는 신화에 숨겨진 싱가포르의 얼굴을 드러내 보이고자 한다. 이미지와 허상이 아닌 그들의 정치, 경제, 사회, 문화 및 교육의 실체를 적나라하게 밝혀 보도록 한다. 마지막으로 단원 Ⅴ에서는 싱가포르의 신화가 거품이고, 허구임을 증명하도록 한다. 싱가포르 권위주의 체제의 사상적 토대가 된 '아시아적 가치'의 결함과 허구성에 대하여 다룬다. 집단주의에 기반을 두고 있는 이 아시아적 가치는 한국의 일부 지식인들도 수용하고 있는데, 이는 한국이 명실상부한 민주사회로 나가는데 큰 걸림돌이 되고 있기도 하다.

Ⅱ.
신화가 되어버린 싱가포르

　적도 부근의 작은 섬으로 이루어진 동남아의 도시국가 싱가
포르는 한국인들에게 환상을 지나서 어느덧 신화가 되었다. 그
들은 믿어 의심치 않기를, 싱가포르는 그야말로 별 볼일 없는
작은 어촌에서 반세기도 안 되는 짧은 시간 내에 경제적으로
풍요롭고, 정치적으로 안정되고 사회적으로 깨끗한 나라로 발
전했다. 그 누구든지 그리고 그 어느 나라든지 부러워할 수밖
에 없는 유토피아가 따로 없다. 지상낙원이 따로 없다. 한국인
들이 보기에 싱가포르는 위대한 신화를 창조했던 것이다. 싱가
포르 신화를 구성하는 구체적인 내용을 열거하면 다음과 같다:
적도의 기적을 이룩한 동남아의 진주, 아시아에서 일본 다음으
로 일인당 국민소득이 높은 나라, 비전을 제시할 능력과 강력
한 리더십을 겸비한 국가 지도자, 언제 어디서나 작동하는 국

가, 국가 경쟁력이 전 세계에서 수위를 다투는 나라, 능력과 정
직을 중시하는 정부, 전 세계에서 가장 투명하고 능률적인 정
부, 부정부패가 없는 깨끗하고 사회 지도층, 외국인이 투자하고
기업하기에 이상적인 분위기와 인프라를 갖춘 나라, 신성한 근
로정신과 공동체를 중시하는 아시아적 가치가 지배하는 사회,
실용적인 복지 시스템, 공공질서와 안보가 보장되는 사회, 높은
여성의 경제활동, 저렴하고 안정된 물가, 공원 안에 도시가 있
고 도시 안에 공원이 있을 정도로 자연친화적인 생활환경 등
등. 게다가 대한민국 최고의 대학이라고 자타가 공인하는 서울
대도 감히 끼지 못하는 100위권 안에 드는 대학이 있는 나라가
싱가포르이다.

싱가포르 신화는 싱가포르가 "아테네 이후 가장 놀라운 도시
국가를 건설했다"라는, 어찌 보면 꽤나 과장된 듯한 명제에서
그 절정을 이룬다. 이 말을 한 사람은 한국인이 아니라, 싱가포
르 주재 영국 고등 판무관을 지낸 필립 무어라는 사람이다. 하
지만 대부분의 한국인들은 별다른 이의 없이 위의 명제에 수긍
할 것이다. 아테네가 어떤 국가인가? 유태교와 기독교 문화인
헤브라이즘과 더불어서 서구 문화의 커다란 두 줄기를 이루는
그리스 로마 문화인 헬레니즘의 중심이 바로 아테네가 아니던
가? 서구에서 아테네가 차지하는 위치와 의미는 마치 동양에서
주(周)나라가 차지하는 위치와 의미에 비교할 수 있을 것이다.
공자 이후 동양의 유교 지식인들은 주나라를 인(仁)과 예(禮)가
지배한 왕도정치의 이상향으로 간주하지 않았던가? 마찬가지로

서구의 지식인들은 고대 그리스의 도시국가를, 그 중에서도 특히 아테네를 인간의 이성과 지혜가 지배한 민주주의의 이상향으로 간주하지 않았던가?

자, 이 정도면 싱가포르는 신화가 되기에 충분하지 않겠는가? 아니, 이 정도면 싱가포르는 실제로 신화를 창조한 것이 아니겠는가? 그런데 싱가포르는 위에서 언급한 긍정적인 측면 이외에도 다분히 부정적인 측면을 보여주고 있다. 싱가포르에는 근대화의 빛과 그림자가 공존한다. 예컨대 리콴유는 공산주의 국가에서나 볼 수 있는 일인 독재체제를 구축했고 아들에게 국가권력을 세습시킨 인물이다. 그는 민주주의를 부정하고 야당을 탄압하며 국민들을 철저히 통제하는 전제정치를 실시하였다. 오죽하면 서방 각국으로부터 "스탈린 통치하의 소련과 쌍둥이"에 불과하다는 비판을 다 받겠는가? 이 같은 부정적인 측면은 한국인들 가운데에도 알만한 사람은 다 알고 있다. 그러나 한 가지 매우 중요한 사실은 가급적이며 싱가포르의 어두운 그림자를 보려고 하지 않고 들으려고 하지 않으며 이야기하려고 하지 않는다는 점이다. 될 수 있는 한 그 의미를 축소하거나 감추어버리거나 아예 무시해버린다. 그래도 안 되면 그럴 수밖에 없었다고 합리화시킨다. 경제를 발전시키고 국가안보를 유지하고 능력 있는 정부를 만들고 깨끗한 사회를 건설하고 건전한 문화를 육성하기 위해서는 불가피한 조처였다고 면죄부를 준다. 어두운 그림자가 없었더라면 밝은 빛도 없었을 것이라고 정당화시킨다.

긍정적인 것은 전면에 내세우고 강조하는 반면에, 부정적인 것은 뒤로 감추고 무시해버림으로써 싱가포르의 신화가 탄생했다. 싱가포르의 신화는 싱가포르가 창조해서 우리에게 객관적으로 주어지고 우리는 그저 받아들이는 것이 아니라, 싱가포르의 역사를 바탕으로 해서 우리가 적극적이고 주관적으로 창조한 것이다. 싱가포르가 신화를 창조한 것이 아니라, 우리가 싱가포르의 신화를 창조한 것이다. 그래서 신화라는 말보다 신화화(神話化)라는 말이 더 적합할는지 모른다. 우리가 싱가포르를 신화화한 것이다. 물론 싱가포르 신화화(神話化)의 소재는 그저 우리의 상상력에서 나온 것이 아니라 싱가포르에서 나온 것이다. 싱가포르 근대화의 빛에서 온 것이라는 말이다. 만일 싱가포르가 그냥 옛날의 어촌의 모습 그대로 머물러 있다면, 근대화 과정에서 전적으로 실패했다면 싱가포르의 신화화(神話化)는 기대할 수 없었을 것이다. 또한 방글라데시나 스리랑카가 싱가포르와 같은 신화화(神話化)의 대상이 될 수는 없었을 것이다. 이에 못지않게 중요한 것은, 아니 어찌 보면 이보다 더욱 더 중요한 것은 싱가포르의 신화를 창조한 한국인들의 관점과 입장이다. 왜냐하면 개인이든 또는 집단이든 모든 것을 객관적으로 주어진 모습 그대로 받아들이지 않고, 주관적인 관점과 입장에서 일정부분 수정과 변형을 가해서 받아들이기 때문이다.

싱가포르의 신화란, 아니 좀더 정확하게 말해서 싱가포르에 대한 우리의 관점과 입장을 싱가포르에 투사해서, 취할 것은 취하고 강조할 것은 강조하며, 또한 버릴 것은 버리고 축소할 것은 축소해서 그에 대한 일정한 상(象) 또는 이미지를 만든 결과인 것이다. 우리 한국인들이 싱가포르에 투사해서 싱가포르 신화를 만들어낸 요소이자 원동력은 구체적으로 말하자면 한국의 근대화 과정에서 달성하고자 했던, 또는 달성하고자 했지만 달성하지 못한 목표와 이상, 그리고 거기서 오는 문제들이다. 경제성장, 국가와 지도자, 사회질서 그리고 아시아적 가치와 같이 우리가 추구했던 목표와 이상 또는 우리가 직면했던 문제가 바로 그것이다.

지금까지의 논의를 좀더 이론적인 언어로 표현해보기로 하자. 인간은 대상을 마치 사진 찍듯이 존재하는 그대로 객관적으로 묘사하지 않는다. 그보다 일정한 거리와 각도를 취하면서 대상의 일정한 측면을 바라본다. 취할 것은 취하고, 버릴 것은 버린다는 이야기이다. 이를 가리켜 추상화라고 한다. 거리와 각도에 따라서 다른 측면이 보이게 됨은 당연한 논리이다. 쉽게 이야기하자면, 우리는 모두 빨간 안경이나 파란 안경 또는 노란 안경과 같이 다양한 색안경을 끼고 이 세상을 바라본다. 어떤 색깔의 안경을 끼었는가에 따라서 세상이 달리 보이게 마련이다. 인간의 인식에서 중요한 것은 객관성이 아니라 주관성이다. 우리가 어렵게만 생각하는 임마누엘 칸트의 『순수이성비판』은 방금 언급한 인간 인식의 주관성 논리를 철학적인 언어로 표현한 저술에 다름 아니다. 칸트는 주장하기를, 인간 인식이란 인식하는 주체가─순수이성이─인식되어지는 객체를 선험적으로 타고난 원리와 법칙 및 도식에 입각해서 일정한 질서와 구조를 부여해서 그에 대한 논리적인 판단을 내리는 일련의 정신적 과정이다. 이제 세상이 나의 입법자가 되는 것이 아니라, 내가 세상의 입법자가 되는 것이다. 칸트는 『순수이성비판』에서 이 같은 순수이성의 행위를 비판하고 있다. 달리 말하자면, 순수이성을 분석하고 있다.

한국인들은 싱가포르 신화를 바로 이 같이 주관적인 행위와 과정을 통해서 창조했다. 그렇다면 그들로 하여금 싱가포르로부터 일정한 거리와 각도를 취하고 싱가포르의 어떤 측면은 취하고 어떤 측면을 버려서 싱가포르 신화를 창조하도록 만든 주관적인 요소는 무엇이란 말인가? 한국인들이 끼고 싱가포르를 바라본 색안경의 색깔은 무엇이란 말인가? 다른 모든 나라의 국민들과 마찬가지로 한국인들 역시 근대화를 통해서 경제적으로 풍요롭고, 정치적으로 안정되고 사회적으로 깨끗한 나라로 발전하고픈 욕망을 갖고 있었다. 이 가운데 가장 우선시되고 중요시된 것은 경제 성장이었다. 이에 반해서 인간, 인간의 권리, 개인, 개인주의 또는 시민사회와 같은 근대적인 범주에는 하등의 커다란 의미나 가치 또는 비중이 부여되지 않은 실정이다. 설령 그렇다 하더라도, 그것은 어디까지나 소수의 비판적 지식인들에 한정되어 있었다. 언제나 가족, 사회, 기업 그리고 국가와 같이 개인을 초월하고 강제하며 통제하는 초개인적 단위가 우선되었다. 이른바 집단주의가 그것인바, 그 정점에는 국가주의가 자리하고 있다.

한국의 근대화는 전 세계에서 유례를 찾아보기 힘든 경제성장에 힘입어 풍요로운 경제를 이룩하는 데에는 성공했다. 적어도 절대빈곤으로부터 해방될 수 있었다. 한국의 경제성장은 비서구 국가들 가운데에서는 일본 다음으로 성공한 사례로 손꼽힌다. 하지만 1997년 후반기에 불어 닥친 경제 및 외환위기는 한국경제의 발목을 잡고 말았다. 일인당 국민소득 1만 달러 시대의 고지를 넘지 못한 채 주저앉고 말았다. 이렇게 보면, 경제적 근대화는 절반만의 성공으로 볼 수 있다. 아니 심지어 한국의 경제는 멕시코나 중남미와 같이 전락할 수도 있다는 전망도 제기되곤 한다. 그렇다면 한국의 경제적 근대화는 좌절된 근대화가 되는 것이다. 또한 정치는 어떠한가?

박정희 이후 군부 출신의 집권자들은 정통성 시비에 시달렸다. 민주화 투쟁으로 한국의 정치는 안정된 정치와는 거리가 멀었다. 관료들의 공직사회는 투명성과 거리가 멀었다. 더구나 지도자들의 무능과 친인척들 및 측근들의 비리는 한국의 정치에 회복할 수 없는 상처를 입히고 말았다. 그리고 한국사회 전반에 불신과 집단 이기주의 그리고 부정부패 등이 만연하면서 깨끗한 사회의 건설은 요원하게 되었다. 능력보다는 혈연, 지연 및 학연과 같은 연고가 중시되는 사회가 건설되었다. 공공질서 역시 선진국 수준이 되기에는 아직도 요원하다.

지금까지의 간략한 논의를 종합하자면, 한국의 근대화는 경제 분야에서 절반만의 성공을 거두었을 뿐, 전반적으로 그리 후한 점수를 줄만한 업적은 아니다. 이렇듯 성공과 좌절이 교

차하는—어찌 보면 성공보다는 좌절에 무게가 실리는—근대화
라는 어둡고 우울한 성적표를 손에 쥐게 된 한국인들의 눈에,
한국과 비슷한 시기에 근대화를 추구하기 시작했지만, 경제적
으로 풍요롭고, 정치적으로 안정되고 사회적으로 깨끗한 나라
로 도약한 나라가 있지 않은가? 바로 싱가포르이다. 한국인들
이 보기에, 동남아의 작은 섬나라인 싱가포르는 경제적으로 세
계 9위의 높은 국민소득을, 정치적으로는 언제 어디서나 작동
하는 국가, 능력과 정직을 중시하며 전 세계에서 가장 투명하
고 능률적인 정부와 비전과 리더십이 있는 지도력 지도자를,
그리고 사회적으로는 깨끗하고 공공질서가 유지되는 질서를
건설하였다. 게다가 이 모든 것은 아시아적 가치라는 굳건한
이념에 토대를 두고 있다.

  두 나라 사이에 존재하는 바로 이런 차이점이 한국인들로
하여금 싱가포르에 대한 환상을 갖게 했고, 급기야는 싱가포르
를 신화화(神話化)하도록 만들었다. 수많은 한국인들이 싱가포
르를 아테네 이후 최고의 도시국가로 보고 있다고 주장해고
과언은 아닐 것이다. 하지만, 만일 한국인들이 민주주의, 인간
인간의 자유와 권리, 개인주의 또는 시민사회 등과 같이 전혀
다른 입장과 관점에서, 아니 전혀 다른 패러다임에 입각해서
싱가포르의 근대화에 접근한다면, 분명히 상황은 달라질 수밖
에 없을 것이다. 아마 그 나라는 우리나라보다 훨씬 더 심각한
문제를 지니고 있는 나라로 비칠 것이다. 아마 그 나라는 가장
후진적이고 전근대적인 나라로 비칠 것이다. 아마 싱가포르는

근대화된 오늘날의 세계라는 거대한 대양 위에 존재하는 전근대적인 섬이라는, 전혀 새로운 신화가 창조될 것이다. 하지만 한국 역시 싱가포르와 마찬가지로 민주주의나 개인주의 그리고 시민사회와 같은 가치를 추구하지 않은 관계로, 이 모든 것은 한국인들의 의식의 지평으로부터 멀어질 수밖에 없었다. 그뿐만이 아니다. 한국인들은 싱가포르의 풍요로운 경제, 안정된 정치 그리고 깨끗한 사회를 체계적이고 심층적으로 분석하기보다는, 그저 통계적으로 주어진 수치나 외적으로 드러난 현상을 보고 판단하는 경향이 강한 듯싶다. 예컨대 일인당 국민소득 2만5천 달러에 상당하는 싱가포르의 경제는 외국 자본과 기술에 의존하는 바가 크다. 용병들이 이룩한 경제이다. 이미 이 한 가지만 보아도 한국인들이 구축한 싱가포르 신화의 세 가지 버팀목 가운데 하나가 무너져 버린다.

게다가 안정된 정치란 리콴유의 일인독재 체제와 리씨 왕조 및 야당탄압이라는 값비싼 대가를 치르고 얻은 것이며, 깨끗한 사회란 무자비한 인권유린과 전체주의적인 사회 감시 및 통제를 통해서 가능해진 것이라는 사실을 추가하면, 싱가포르 신화의 세 가지 버팀목(경제성장, 정치적 리더십과 탁월한 국가기능, 그리고 안정된 사회질서)이 모두가 무너져버리고 만다. 마지막으로 싱가포르의 국가경영과 경제성장 및 사회질서 유지의 이념적 토대인 아시아적 가치는 리콴유의 가부장적-권위주의적 일인독재 체제와 리씨왕조를 옹호하고 합리화하기 위한 허구에 불과하다는 사실이 밝혀지면, 싱가포르 신화는 말

그대로 그 근본과 토대부터 환상이요 허상이 되고 말 것이다. 싱가포르는 철저하게 탈신화화(脫神話化) 되고 만다.

지금부터는 한국인들로 하여금 싱가포르를 신화화 하도록 만든 배경이 된 한국 근대화의 성공과 좌절을 경제성장, 국가와 지도자 그리고 사회질서로 나누어 좀더 자세하게 살펴보기로 한다. 그래야만 싱가포르 신화의 진실을 제대로 이해할 수 있기 때문이다.

1. 경제성장

1960년대에 들어와서 본격적으로 추진되기 시작한 한국의 근대화는 국가가 중심이 되고 국가에 의해서 주도된 발전 전략과 모델이라는 특징을 보여준다. 국가는 근대화의 이념과 목표를 설정했고, 그 발전방향을 제시했으며, 또한 민간부문과 국민을 근대화 과정에 편입시켰고 동원했다. 이와 같이 국가 중심적이고 국가 주도적인 한국의 근대화는 근본적으로 경제 발전과 성장에 치중된 발전 전략과 모델이었다. 여러 차례에 걸쳐서 추진된 경제개발 5개년 계획을 보면 쉽게 알 수 있다. 우리는 한국의 근대화를 경제 주의적 근대화라고 명명할 수 있을 것이다. 이렇듯 경제성장 위주의, 또는 경제 주의적 근대화 전략과 모델을 채택한 한국의 국가는 신속한 경제 발전과 성장을 추진한다는 구실 하에 현대사회가 합리적이고 효율적으로 기능하고 작동하는데 필요한 다원적인 사회적-문화적 영역과 공간이 분화되고 제도화되는 것을 용납하지 않으려고 했다. 또한 다양한 사회집단을 정치적 의사결정 과정으로부터 배제시켰다. 그리고 개인을 초개체적인 기업이나 국가에 복속되고 이를 위해서 희생하고 봉사하는 존재로 보는 집단주의적 문화를 강조했다. 그 결과 개인은 필요에 따라서 감시하고 억압하며 통제할 수 있는 객체로 간주하게 되었다.

한국의 경제는 1960년대부터 1990년대 중반까지 두 자리에 이르는 경제성장률이 웅변적으로 보여주듯이 그야말로 눈부신 성장을 거듭한 결과, 1995년에는 일인당 국민소득 1만 달러라는 고지를 점령하기에 이른다. '한강의 기적'이라는 표현이 결코 과장만은 아니었다. 한국은 비서구 국가들 가운데에서 일본 다음으로 근대화에 성공한 나라 한국은 후발 산업 국가들에게 모델. 싱가포르 역시 과거 1970년대에 우리나라에서 새마을 운동을 배워가기도 했다. 한국은 홍콩, 대만 및 싱가포르와 더불어 1980년대 후반부터 아시아의 네 마리 용이라고 불리게 되었다. 그 동안 눈부신 경제성장을 이룩한 아시아의 네 나라를 아시아인들이 전통적으로 성스러운 동물로 간주하는 용에 비유한 것이다.

그러나 1997년 후반기에 아시아를 강타한 미증유의 외환위기는 한국이라는－국가 규모로 볼 때－가장 큰 용이 선진국으로 승천하지 못하고 그만 후진국의 이무기로 전락시켜버리고 말았다. 1995년에 1만 달러에 진입한 한국의 일인당 국민소득은 불과 2년 뒤 불어 닥친 아시아의 외환위기를 기점으로 해서 그 절반을 약간 넘는 수준인 6700달러로 하락하였다. 그러다가 5년 정도 지난 2002년에 이르러서야 겨우 1만 달러에 다시 진입하게 되었으며, 아직도 1만 달러 정도를 맴돌고 있는 실정이다.

그 사이 싱가포르는 외환위기를 잘 극복하고 일인당 국민소
득 2만 달러 시대를 지나서 이제는 2만5천 달러로 3만 달러
시대를 목전에 두고 있다. 이는 아시아에서 일본 다음으로 높
으며, 전 세계적으로 보아도 10위권 이내에 드는 매우 좋은
'성적표'이다. 게다가 싱가포르는 1998년 이후 줄곧 세계 2위의
국가경쟁력을 과시하고 있다. 어디 그뿐인가? 싱가포르 경제는
세계화에도 성공했다. '기업하기 좋은 나라'라는 이미지를 창출
하고, 이에 걸맞은 정치적-사회적 인프라를 구축한 싱가포르는
수많은 유수의 다국적 기업을 유치했다. 현재 서울 정도의 규
모밖에 안 되는 작은 섬나라에 현재 6000여 개의 다국적 기업
이 경제활동을 하고 있는데, 이는 전체 고용의 52%를 그리고
국내총생산 (GDP)의 35%를 창출하고 있다. 그리고 한 걸음
더 나아가, 우리나라를 비롯해 경제특구나 금융자유화 지역과
같이 경제의 세계화를 추진하는 나라에 대해서 싱가포르는 좋
은 선례와 모델이 될 수 있다.

결론적으로 말해서, 과거 한때 한국과 더불어서 아시아의 용
이라고 불리면서 한국과 경쟁하던 동남아의 작은 섬나라 싱가
포르는 선진국으로 승천한 것이다. 싱가포르는 20세기에 일본
에 이어 두 번째로 후진국에서 선진국이 된 사례이다. '적도의
기적'이라는 표현이 그렇게 잘 어울릴 수가 없다.

한국은 외환위기를 기점으로 국민소득 1만 달러 시대에 진
입하면서 얼마 안 되어 주저앉아서 그런지는 몰라도 그 이후
로도 경제 주의적 사고방식을 벗어나지 못하고 있다. 아니, 어

쩌면 이 같이 커다란 좌절의 체험이 그 이전보다 더욱 더 경제주의를 강화시켰는지도 모른다. 예컨대 김대중의 국민정부는 신지식인이라는 화두를 던지면서 과학과 지식 그리고 대학에까지 경제논리를 확장시켰다. 지식인 역시 직접적으로 경제적 부가가치를 창출하거나, 또는 간접적으로 이를 가능케 하는 실용적인 지식과 기술을 생산해야 한다는 것이 신지식인 논의의 핵심이다. 돈을 벌거나 돈을 버는 일을 거들 수 없는 지식인은 지식인도 아니라는 논리가 성립한다. 그 뭐랄까? '구지식인'이라고나 할까? 가뜩이나 빈사상태를 헤매던 인문학은 신지식인 논리에 의해서 마지막 결정타를, 아니 치명타를 맞고 쓰러지고 말았다.

우리는 이 대목에서 매우 특기할 만한 현상을 간파할 수 있다. 한국이 1997년 후반기에 체험한 미증유의 외환위기 및 경제위기의 원인을 잘못 진단하고 잘못 처방한 사실이 그것이다. 당시의 위기는 경제라는 사회의 하부체계가 아니라 정치라는 하부체계에서 유래한 성격이 강하다.

김영삼 정권의 문민정부는 세계화를 잘못 이해하고 국가의 목표로 제시했다. 세계화를 마치 이제 한국이라는 우수한 민족이 소위 문민정부의 주도하에 곧 선진국에 진입하면서 세계적인 국가로 세계의 중심에 서는 것이라고 해석하는 오류를 범했던 것이다. 결과적으로 국가는 한국의 경제주체들로 하여금 세계 경제상황을 잘못 인지하고 지극히 비합리적이고 불합리한 경제행위를 하도록 오도했다. 이런 엄연한 사실에도 불구하고 김영삼 정권을 이어받은 김대중 정권은 마치 한국이 경제주의적 원리에 좀더 철저하지 못했기 때문에 위기를 자초했다고 해석하고는, 신지식인이라는 미명하에 지식과 과학 및 대학의 영역에까지 경제주의의 논리를 적용시키고자 했던 것이다.

경제주의에 사로잡히기는 참여와 개혁을 기치로 내건 노무현 정권 역시 마찬가지이다. 이는 매우 아이러니하게 보인다. 왜냐하면 우리는 일차적으로 참여와 개혁이라는 화두를 경제주의와 상반된 국가정책의 방향이라는, 또는 지금까지 금과옥조로 간주되어온 경제주의의 모순과 폐해를 시정하고 극복하고자 하는 정권의 의지를 담은 것이라고 해석할 수 있기 때문이다.

노무현의 참여정부는 출범한지 불과 몇 달 만에 갑자기 이른바 2만 달러 시대를 선언하고 나섰다. 자신의 임기 내에는 힘들지만, 늦어도 2012년까지는 2만 달러 달성의 토대를 마련하겠다는 것이다. 이렇게 2만 달러 시대가 선언되자, 이제 모든 것은 이 시대를 달성하기 위한 과정이자 수단이자 도구이며 과정이 되고 만다. 예컨대 참여정부가 내세운 중장기 비전이 동북아 경제중심 국가에서 불과 몇 개월 사이에 2만 달러 시대로 바꾸자, 이 두 가지는 서로 모순되는 개념이 아니냐는 비판이 있었다. 그러자 청와대는 변론하기를, 2만 달러 시대는 동북아 경제중심 국가 등의 여러 국정비전이 총체적으로 추진된 결과로 달성되는 우리의 미래를 상징한단다. 따라서 두 개념은 상호 대립하는 것이 아니라 상호보완적이며 동시에 서로 불가분의 유기적 관계를 맺고 있다고, 청와대는 주장한다. 이제 모든 길은 로마로 통하듯이, 한국사회의 모든 비전과 목표 및 정책은 2만 달러 시대로 통하게 되었다. 그리고 2만 달러 시대로부터 나오게 되었다.

비록 김영삼과 김대중 그리고 노무현 대통령 모두 박정희의 군부독재와 뚜렷하고 분명히 구분된다고 주장하며, 또한 바로 그런 의미에서 스스로를 문민정부, 국민정부 또는 참여정부라고 명명했지만, 이렇듯 경제의, 경제에 의한 그리고 경제를 위한 정권이라는 점에서, 곧 경제주의적 세계관에 사로잡혀서 경제주의적 국가목표와 국정운영을 설정하고 추진했다는 사실을 감안한다면, 그들은 모두 박정희가 정립한 한국 대통령의 계보에 속한다고 볼 수 있다. 어쩌면 이들 모두는 박정희의 적자에 속하는지도 모른다. 그리고 다음, 그 다음 대통령 역시 그럴 공산이 매우 크다. 그들이 경제주의에 사로잡힌다면 말이다.

그러나 우리의 논의를 위해서 한 가지 매우 중요한 사실은, 이처럼 모든 정권이 경제에 올인 함에도 불구하고 한국의 선진국 진입은 아직도 매우 회의적이다. 겨우 2002년에 외환위기 이전의 국민소득 수준인 1만 달러를 회복한 정도이며, 또한 이전과 같은 고속성장을 보이지 못하고 답보상태에 있다. 노무현 정권이 제시한 2만 달러 시대의 실현도 임기 내가 아니라 2012년을 염두에 두고 있다. 더구나 구체적인 청사진도 없다. 그저 각 부문에서 모두가 앞 다투어서 중구난방으로 2만 달러 시대 달성을 위한 방안을 제시하고 있을 뿐이다. 서로-물론 자기 자신의 입장에 서서—주장하기를, 2만 달러 시대를 달성하기 위한 견인차 또는 원동력을 IT산업에서 찾아야 한다, 생명공학에서 찾아야 한다, 무역에서 찾아야 한다, 우주개발에서 찾아야 한다, 소프트웨어 기술에서 찾아야 한다, 아니면 디지털 콘텐츠 산업에서 찾아야 한다. 지방분권화도 대학의 개혁도 결국은 2만 달러 시대 달성을 위해서 필요하다. 2만 달러 달성을 위해서는 기술혁신이 이루어져야 하고, 대기업에 대한 규제를 풀어야 하며, 또한 2만 달러 시대에 걸맞은 노조의 리더십이 제시되기도 한다. 2만 달러 시대를 열기 위해서는 공직사회가 변해야 하고, 언론이 변해야 하고, 금융권이 변해야 하며, 또한 노사관계가 변해야 한다. 그뿐만이 아니다. 교육인적자원부는 지난 3월에 청와대에 보고한 "주요 업무계획"에서 2만 달러 시대 도약을 위한 인적자원의 배출을 가장 중요한 중점과제 가운데 하나로 제시했다. 바로 이 모든 사실이, 곧 모든 국민들이 모든 것을 희생하고 오로지 경제성장에 올인 했음에도 불구하고 1만 달러에 주저앉아서는 더 이상 앞으로 나아가지 못하는 좌절된 심정이 한국인들로 하여금 싱가포르 신화를 창조하도록 만든 일차적인 요소이다.

좌절된 선진국 진입의 꿈, 좌절된 승천의 꿈이 싱가포르 신화화의 가장 중요한 사회 심리적 동인인 것이다. 한국인들은 싱가포르에서 그들이 실현하지 못한 꿈을 발견한다. 그것은 후진국에서 선진국으로 승천하고자 하는 꿈이다. 승천하지 못한 이무기의 나라가 바라보는 승천한 용의 나라는 그야말로 유토피아가 될 수밖에 없다.

　유토피아 싱가포르에도 문제가 있고, 어두운 그림자가 있을 수 있음은 물론이다. 이는 그 나라의 경제의 전반적인 구조나 성격 및 체질 그리고 장단점을 체계적이고 조직적으로 연구하고 분석해보면 명백하게 드러날 수 있을 것이다. 예컨대 싱가포르의 국부를 창출하는 원천인 다국적 기업은 다른 한편으로는 싱가포르 경제의 아킬레스건이다. 용병이나 다름없는 다국적 기업은 싱가포르의 여건이 안 좋게 변하거나 다른 나라에 더 좋은 여건이 조성되면 언제든지 떠날 수 있기 때문이다. 싱가포르는 토종 자본과 기술 및 브랜드에 의한 경제성장을 추진해야 하는 과제를 안고 있다. 그러나 모든 것은 일인당 국민소득 2만 달러니 3만 달러니 하는 식으로 통계수치로 환원시키고, 그에 따라서 후진국이니 중진국이니 또는 선진국이니 하는 식으로 도식화시키는 한국인들의 눈에는 그렇게 중요하거나 의미 있게 비칠 리가 없다. 그냥 무시하거나, 경제성장을 위해서는 그럴 수밖에 없었다고 정당화시킨다.

2. 국가와 지도자

이미 앞에서 언급한 바와 같이, 한국의 근대화와 경제성장은 국가가 중심이 되고 국가가 주도한 위로부터의 변화와 개혁이었다. 국가와 경제 사이에 밀월관계가 존재했던 것이다. 이 점에서 싱가포르 역시 한국과 다르지 않다. 그리고 이 점에서 한국과 싱가포르는 서구와 좋은 대조를 보여주고 있다. 서구에서는 국가라는 정치적 영역과 시장이라는 경제적 영역 사이에 일정한 긴장, 경쟁 및 투쟁이 존재해오고 있다. 한국의 성공적인 근대화와 경제성장은 국가가 정치적인 안정을 이루고 확고한 미래의 비전을 제시했기 때문이라고 보는 사람들이 많다. 그들은 여기서 강력한 리더십을 발휘한 국가 지도자의 역할이 가장 중요한 요소 가운데 하나라고 주장한다. 그 대표적인 것이 박정희 대통령이 추진한 '경제개발5개년계획'이다. 이른바 개발독재가 한국의 근대화와 경제성장에서 차지하는 위치를 부인하거나 부정할 사람은 아무도 없을 것이다. 물론 열악한 노동조건과 작업환경, 장시간의 노동 그리고 저임금에 시달리면서도 자신을 희생한 노동자 집단이 기여한 바를 잊어서는 안 되지만 말이다. 그런데 국가 지도자에 대해서 지니는 한국인들의 표상은 아직도 전근대 사회에서 군왕에 대해서 지니는 성격과 매우 유사하다. 국가의 지도자인 대통령은 임금과 마찬가지로 인(仁)과 덕(德)을 겸비하고 높은 학식과 교양을 갖춘 백성의 어버이로서 단순히 백성의 배를 부르게 해주고 등을 따뜻하게 해주는 경제적인 역할을 넘어서 백성을 교화하여 도덕국가를 이루는 존재이다. 대통령은 한 마디로 말해서 국부(國父)이다. 국부인 국가의 지도자는 정치적으로 강력한 리더십을 지니고 국민들에게 나아가야 할 미래의 비전을 제시해야 한다. 그래서 정치적으로는 안정을 경제적으로는 풍요를 그리고 사회적으로는 질서를 구축해야 한다. 그러나 한국의 현실은 위와 같은 표상과 너무나도 동떨어져 있다. 한국 근대화와 경제성장의 견인차 역할을 했다고 평가받는 박정희 대통령만 해도 처음부터 정통성 시비에 시달려야 했다. 그는 쿠데타로 집권했고, 그래서 자신의 취약한 정통성을 극복하기 위해서 경제발전에 모든 것을 걸었다는 평가를 받기도 한다. 한국의 경제주의는 이 시절에 태동한 것이다. 그리고 박정희는 유신체제를 출범시켜 종신집권을 추구했으며, 그 과정에서 민주주의를 탄압하고 인권을 유린하는 독재정치를 자행했다. 그래서 수많은 저항에 부딪치게 되었으며, 결국에는 최측근에게 암살당하게 되었다.

박정희 사후에 집권한 신군부는 광주 민주화 항쟁을 무력으로 진압하면서 수많은 고귀한 인명을 희생시켰는데, 이는 한국인들에게 지울 수 없는 깊고 깊은 집단상흔을 남긴 사건이었다. 게다가 신군부 출신의 대통령들은 무식한 사람들이라는 인상을 심어주었다. 오죽하면 전두환은 그가 가장 좋아하는 시인은 '말당'선생이고, 그가 좋아하는 영화는 '토관과 신토'라고 말했다는 풍자가 나돌기도 했다. 그가 무식해서 서정주의 호인 '미당'(堂)'을 '말당'(末堂)'으로 잘못 알고, 영화 '사관(士官)과 신사(紳士)'를 '토관과 신토'라고 잘못 읽었다는 것이다. 어찌 보면 인신공격에 가까운 이런 풍자는 이 시절의 국가 지도자들은 한국인들이 가지고 있는 국가 지도자의 표상과는 완전히 상반된 모습이라는 사실을 상징적으로 표현하고 있다.

그 이후도 별반 나아진 것이 없었다. 김영삼의 문민정부는 대통령 아들이 국정을 전횡하는 바람에 '소통령'이라는 별명까지 얻게 되었다. 더불어 일인당 국민소득 1만 달러를 달성해 선진국에 진입하겠다고 호언장담하더니, 결국 한국동란 이후의 최대 국가위기라고 하는 외환위기를 자초해서 하마터면 국가가 부도날 뻔했다. 오죽하면 김영삼을 찍은 죄로 잘려나간 손가락이 아침마다 쓰레기차에 가득하고, 김영삼을 잘못 본 죄로 빼버린 눈알이 골목마다 즐비하다는 풍자가 인구에 회자되었을까?

김영삼 대통령은 청와대에서 칼국수를 즐겨먹곤 했다. 그것도 혼자가 아니라 오찬과 같이 공식적인 행사에서 그러했다. 자신이 소박하고 소탈하고 청렴하며 또한 서민적인 대통령이라는 모습을 보여주기 위함이었다. 하지만 이것은 결국 '쇼'와 '허무 개그'로 끝나고 말았다. 오죽하면, 사람들은 "칼국수가 아니라 불고기를 먹어도 좋으니, 제발 정치나 좀 잘 했으면 좋겠다' 고 말했겠는가? 칼국수 대통령 때문에 벌어진 외환위기라는 국가적 위기는 하마터면 그가 사랑하는 국민들로 하여금 영원히 칼국수나 먹으면서 연명하도록 만들 뻔했다.

김대중의 국민의 정부에서도 대통령의 두 아들이 감옥에 갈 정도로 국가질서는 문란했다. 이 정권의 최대 치적인 대북 지원 사업 역시 대통령의 퇴임 이후 법의 심판을 받기도 했다. 김대중 대통령이 임기 중에 수상한 노벨 평화상은 로비를 했다는 시비에 시달리면서 그 가치와 의미가 크게 퇴색되고 말았다. 그리고 국민의 정부도 지역과 사회의 갈등을 치유하고 국민통합을 이룩하지 못한 점에서 그 이전 정권과 별반 다르지 않다. 노무현의 참여정부 역시 크게 다르지 않은 듯싶다. 노무현 대통령은 대통령에 취임한지 얼마 되지도 않아서 대통령 탄핵소추라는 헌정사상 초유의 기록을 남겼다. 어찌 보면 사려 깊지 못한 그의 말은 여러 가지로 정치적-사회적 혼란을 초래했다. 게다가 강력한 리더십을 발휘하지도 못하고, 미래에 대한 장기비전을 제시하지도 못한다는 비판을 받기도 한다. 정권 출범 이후 몇 달 만에 제시한 2만 달러 시내와 선진국 진입은 너무나 막연한 비전이다. 그 이전에 김영삼의 문민정부가 제시한 1만 달러 시대와 별반 다르지 않다. 또한 일각에서는 그 구체적인 계획이나 추진에 있어서 박정희가 제시하고 추진한 경제개발 5개년계획보다 못하다는 비판도 일고 있는 실정이다. 몇 년 후 정권이 바뀌면 모든 것이 백지상태로 돌아가

고, 또 다른 국정목표가 제시될 것임은 불을 보듯 뻔한 노릇이
다. 결국 노무현 대통령 역시 한국인들이 평소에 지니고 있는
국가 지도자의 권위나 위엄과는 한참 거리가 멀다. 결론적으로
말해서, 지금까지 한국의 국가 지도자들은 인과 덕을 겸비하고
높은 학식이나 교양을 갖춘 지도자의 모습을 보여주지 못했다.
그들은 강력한 리더십으로 갈등과 분열을 치유해서 국민통합
을 이룩하지도 못했다. 아니 오히려 사회적 또는 지역적 갈등
과 분열을 자신들의 중요한 지지기반이자 통치기반으로 악용
해왔다. 또한 한국의 국가 지도자들은 국가의 미래에 대한 장
기비전을 제시하지도 못했다. 정권이 바뀔 때마다 수시로 국정
목표를 변경해서 국민들을 혼동과 혼란에 빠지게 만들었다. 국
가의 미래에 대한 장기비전이라기보다는 정권의 존립을 위한
단기비전이라고 보는 편이 더 적합할 것이다. 어디 그뿐인가?
1997년 후반기에 불어 닥친 미증유의 외환 및 경제위기는 결
정적으로 국가 지도자의 무능에서 비롯되었다. 그나마 박정희
전 대통령이 강력한 리더십을 바탕으로 국가의 장기비전을 제
시해서 한강의 기적이라 불리는 경제성장을 이룩했다고 믿는
한국인들이 많다. 그들은 박정희에 대한 향수를 지니고 있다.
이는 1960년대부터 경제개발5개년계획을 수립하고 추진한 그
의 개발독재에 대한 향수이다. 하지만 박정희는 이미 위에서
살펴본 바와 같이 여러 가지 아킬레스건을 갖고 있다. 결론적
으로 말해, 우리 한국인들은 한번도 자랑스런 대통령을 갖지
못한 민족이다.

여기서 박정희의 리더십과 비전에 대해서 조금만 더 살펴보기로 한다. 박정희가 구축한 - 한국인들이 흔히 생각하는 바의 - 강력한 리더십이라는 것은 실상 전 사회를 군사화하고 전 국민을 전사(戰士)화하는 병영사회인바, 이 사회는 개인을 국가가 통제하는 일사불란한 질서와 규율 속에 가둠으로써 유순하고 복종적인 신민(臣民)으로 만들고자 한다. 그리고 그가 제시한 국가의 장기적 비전이란 것은 실상 신민들로 하여금 자신을 희생해서 조국 근대화와 경제성장을 이룩하는 프로젝트이다. 박정희는 한국이라는 군대의 최고 지휘관이다. 그 밑에 있는 국가관료들은 장교와 하사관들이다. 국민들은 병사들이다. 어깨에 별 두개를 단 최고 지휘관의 명령에 따라 장교와 하사관들이 병사들을 이끌고 조국 근대화라는 고지를 점령하려고 돌격하는 것이 박정희 식의 강력한 리더십이요 장기적인 국가비전인 것이다. 거기에는 단 한 사람의 낙오자도 이탈자도 있어서는 안 된다. 그러면 군법회의에 회부될 것이다.

한국인들은 바로 이 같이 외적으로 부과되고 통제된 일사불란한 병영사회에서 오로지 조국 근대화와 경제성장이라는 고지를 향해 뒤도 돌아보지 않고 돌격하는 군대와도 같은 모습에 대한 향수를 갖고 있는 것이다. 하지만 이런 식의 리더십과 비전은 강력한 저항에 처하기도 했다. 나중에 다시 언급이 되겠지만, 한국의 국가는 사실은 강력한 국가가 아니라 허약한 국가이다.

단 한번도 자랑스러운 대통령을 갖지 못한 어둡고 우울한 현실상황은 한국인들로 하여금 현실이 아닌 다른 곳에서 이상적인 지도자 상을 찾도록 만들었다. 먼저 과거로 회귀해서, 우리 역사상 가장 위대한 군주로 추앙 받는 세종대왕에서, 그리고 성웅 이순신에서 오늘날 지도자가 갖추어야 할 덕성과 자질을 찾고자 하는 노력이 있다. 일본의 전국시대를 평정한 도요토미 히데요시와 그의 사후 일본의 발전을 이룩한 도쿠가와 이에야스에 대한 담론 역시 이와 같은 맥락에서 이해될 수 있을 것이다. 심지어 난세에 이름을 떨친 "삼국지" 영웅들에게까지 거슬러 올라가 이상적인 지도자의 상(像)을 읽어내려고 한다. 또한 아브라함 링컨의 지도력을 흠모하거나, 지미 카터와 같은 미국의 대통령이 퇴임 후에 하는 일을 아름답다고 찬양하면서, 우리는 언제나 그토록 자랑스러운 지도자를 가질 수 있을까 부러워하기도 한다.

물론 이들로부터 다양한 지도자의 자질과 능력을 배울 수는 있지만, 이들은 결국 한국의 실정에 잘 안 맞는다는 한계를 보인다. 왜냐하면 한국인들이 진정으로 원하는 지도자는 인과 덕을 갖추고 높은 학식과 교양을 겸비했을 뿐만이 아니라, 강력한 리더십을 소유하고 국가의 미래에 대한 장기적인 비전을 제시함으로써 한국을 후진국에서 선진국으로 진입시킬 수 있는 자질과 능력의 소유자이다.

이런 한국인들의 눈에 자연스레 싱가포르의 리콴유가 들어온다. 리콴유가 누구이던가? 그는 싱가포르를 후진국에서 일약 선진국으로 진입시킨 지도자다. 그는 아테네 이후 가장 놀라운

도시국가를 건설한 지도자임에 틀림없다. 리콴유에 대해 한국
인들의 표상은 매우 긍정적이다. 아니 심지어 '용비어천가'를
보는 듯한 느낌을 받기도 한다. 예컨대, 리콴유는 "강인한 정
신력과 근면으로 무장한 입지전적 정치가"로서 "적당주의를
허용하지 않는 단호함과 진지함, 그리고 진솔함을 보여주는 인
물"로 한국인들의 가슴에 와 닿는다. 그들은 리콴유를 소탈하
고 청렴하지만, 다른 한편으로는 열렬한 학습자요, 단호한 지
도자로 기억한다. 한국인들은 확신하기를, 리콴유는 비록 작은
섬나라 도시국가의 지도자이지만, 결코 큰 나라의 눈치를 보지
않고 여론이나 대중의 인기에 영합하지 않는, 통치철학이 확고
한 지도자 상을 보여준다. 그는 "지도자로서의 남다른 통찰과
단호함을 겸비한 인물로서 끊임없이 아이디어를 창출하고 선
진문물제도를 소화·흡수·개량하여 싱가포르를 작동하는 정부,
번영하는 국가로 만든 장본인"으로 간주된다. 그는 법치질서를
확립하고 능력위주로 인재를 등용해서 국가를 경영한 인물이
며 싱가포르 시스템을 수호하고자 투쟁한 인물로 평가된다.[1]

아무튼 이 같은 지도자의 자질과 능력을 겸비한 리콴유야말
로 싱가포르를 단기간 내에 후진국에서 선진국으로 끌어올리
고, 아테네 이후 가장 놀라운 도시국가를 건설한 주역이자 장
본인으로 다가온다.

헨리 키신저는 리콴유에 대해서 다음과 같이 말한 적이 있

---

1) 함진주, "아시아 속의 싱가폴, 세계 속의 싱가폴", 서울: 세진사 2000,
79쪽 이하.

다고 한다: "역사상의 아이러니 중 하나는 일부 지도자들의 능력과 그들이 이끄는 국가의 국력 간에 전혀 균형이 이루어지지 않는다는 점이다." 리처드 닉슨은 다음과 같이보다 더 직설적으로 말했다고 한다. "만일 리콴유 수상이 다른 시대에 다른 나라에서 태어났더라면 처칠이나 디스라엘리, 글래드스톤과 같은 위대한 지도자로 평가받았을 것이다."2) 그런데 한국의 지도자들은 어떠한가? 과연 그들 가운데 어느 누가 국제적으로 리콴유와 같은 찬사를 받을 수 있겠는가? 아니 그 절반만이라도 될 수 있겠는가?

그리고 1978년에 중국의 지도자 덩사오핑이 싱가포르를 방문했을 때, 리콴유는 그에게 말하기를, "만일 내가 중국에서 태어났고 당신이 싱가포르에서 태어났더라면 당신은 분명히 역시 중국의 최고 지도자가 되었을 것이지만 나는 권력의 사다리 밑부분에서 맴돌았을 것"이다.3) 리콴유는 겸양의 미덕까지 갖추고 있는 것이다. 그래서 한국인들 사이에는 리콴유를 본받고자 하는 움직임이 있어 왔다. 이미 "리콴유 자서전"과 "내가 걸어온 일류국가의 길(From Third World to First)"과 같은 그의 자서전 우리말로 번역된 사실만 보아도 미루어 짐작할 수 있는 사실이다. 앞의 번역서를 추천하는 글에는 다음과 같은 구절이 있다.

---

2) 이승환 외, 『아시아적 가치』, 경기도 고양시: 전통과 현대 1999, 79-80쪽.
3) 위의 책, 80쪽.

"(...) 해방 이후 50년이 넘도록 아직도 후진성과 정체성을 벗어나지 못하고 있는 국내 정치의 현실을 감안할 때, 리콴유 전 총리의 회고록이 갖게 될 교훈적 의미는 자못 크다고 하겠다. 이 책은 특히 정치인뿐만 아니라 사회 각계각층의 지도적 위치에 있는 모든 분들에게 교과서적 행동지침을 일깨워 줄 것으로 믿는다. 특히 이 책의 중요한 교훈적 의미는 주어진 사명과 책임을 수행하는 데 있어, 리더가 해야 할 일과 하지 말아야 할 일을 극명하게 부각한 점이라고 하겠다. 내가 이 책을 우리나라의 정치인들과 정치에 뜻을 둔 젊은이들은 물론, 사회에 뜻있고 보람있는 일을 하고자 하는 모든 분들에게 일독을 권하고 싶은 건 그 때문이다. 특히 지구상의 어느 곳에서도 그 유례를 찾아보기 어렵다는 깨끗한 정부, 깨끗한 공직자 상을 확립케 하고, 문자 그대로 정의가 살아 숨쉬는 사회, 부패를 찾아보기 어려운 나라를 건설한 그의 정치적 신념과 지도적 역량은 오늘의 우리 사회에서 가장 중요하고 절실하게 요구되는 지도자 상의 전형이라고 믿어 의심치 않는다."[4]

국가 지도자에 대한 어둡고 부정적인 기억밖에 지니고 있지 못한 한국인들은 리콴유라는 싱가포르의 지도자에게서 밝고 긍정적인 이미지를 발견한다. 이렇게 해서 리콴유는 신화가 되었다. 이 과정에서 그가 보여준 수많은 어둡고 부정적인 모습은 무시되고 축소되거나, 또는 후진국 싱가포르를 선진국으로 탈바꿈시키는 과정에서 어쩔 수 없는 선택이었다고 정당화시킨다.

---

4) 리콴유, "리콴유 자서전", 서울: 문학과지성사 1999, 13쪽.

3. 사회질서

한국은 근대화 과정에서 깨끗하고 투명한 사회를 건설하지 못했다. 공적인 영역에서 부정부패는 일상적인 모습이 되어버렸다. 오죽하면 한국사회를 가리켜서 '부패공화국'이라고 부를까? 몇 해 전에 미국의 한 유력 신문은 한국사회에서의 부정부패를 '국가적 유희'라고 표현한 적이 있다. 오늘날 한국사회의 모든 삶의 영역에서 부정부패를 관찰할 수 있다. 한국의 근대화 과정에서 부정부패는 전사회적 현상이 되고 말았다.

부정부패는 이제 한국인의 삶과 행위의 그리고 한국 사회구조의 구성하는 요소이다. 그래서 다음과 같은 유머가 나돈 적도 있다. 하도 사회전체가 썩어 문드러지자, 그래도 부패하지 않고 타락하지 않은 사람을 찾아 나섰다고 한다. 외딴 섬에서 외로이 등대를 지키는 사람이 바로 그러하리라는 결론에 도달한 사람들이 등대지기를 찾아가 보았다고 한다. 아, 그랬더니 그 사람은 배터리를 팔아먹고 있는 것이 아닌가? 이는 비록 유머에 지나지 않지만, 한국사회 전반이 썩을 대로 썩어서 악취를 풍긴다는 사실을 상징적으로 보여주고 있다. 어느 한 구석 온전한 곳이 없다는 이야기이다. 한국에 진출한 외국의 기업들은 이 땅에 만연한 부정부패 때문에 제대로 기업 활동을 하기가 어렵다고 고백하기도 한다. 세계화에 대한 중대한 걸림돌이 되고 있는 것이다.

한국인들은 지금까지 대통령의 친인척들이 깊숙이 개입된 이른바 권력형 비리에 대해서 신물나게 들어왔다. 출범한지 얼마 되지 않은 노무현 정권 역시 다르지 않다. 대통령이 물러나면 그 자식들이 감옥에 가는 것이 관례가 된 것이 다름 아닌 한국이라는 나라이다. 그의 큰형이 여러 스캔들에 연루되어 있음을 우리는 잘 안다. 비단 정치권만이 그러한 것은 아니다. 기업인들이 정치자금이라는 명목 하에 정치권에 천문학적 숫자에 해당하는 뇌물을 제공하는가 하면, 이중장부를 작성하고 기업의 자금을 개인적인 용도로 착복하며, 또한 기업을 마치 집안의 사유재산인양 자손들에게 대물림한다. 그래서 기업은 망해도 기업주는 망하지 않는다는 자조적인 말이 다 생겨나지 않았던가? 어디 그뿐인가? 이 시대의 양심이며 등불이며, 돈이나 권력으로부터 초연하고 오로지 명예를 먹고산다는 대학교수들 역시 부정부패로부터 자유롭지 못하다. 그들은 기회만 있으면 돈을 벌려고 기업에 기웃거리고 권력을 움켜쥐려고 정치판 주변을 맴돈다. 신임교수 임용 때, 청탁과 뇌물이 오고가는 추악한 행태가 끊임없이 언론에 보도되고, 연구비를 유용하다가 밑에 있는 연구원들이 비리를 폭로해 망신을 당하는 경우도 결코 낯설지 않은 풍경이다. 또한 요즈음에는 장군들이 온갖 비리에 연루되기도 한다. 어깨에 별을 세 개, 아니 네 개씩

단 최고위 장성들이 부대 공금을 사사로이 횡령해서 수사기관의 조사를 받는 것이 바로 대한민국이다. 군복무를 한 이 땅의 젊은이들은 이 같은 형태가 실은 광범위하고 체계적으로 자행되는 군 비리라는 거대한 빙산의 일각일는지도 모를 것이라는 생각을 할 것이다.

그래서 그런지는 몰라도, 한국은 국제투명성기구가 2003년에 99개국을 대상으로 조사한 국가별 부패인식지수 (CPI)에서 한국은 코스타리카 및 그리스와 더불어서 50위를 차지했다. 핀란드, 아이슬란드, 덴마크, 뉴질랜드가 1,2,3,4위를 차지했으며 아시아에서는 5위를 차지한 싱가포르가 가장 높았다. 그 밖의 아시아 국가에서는 홍콩이 14위를, 일본이 21위를, 대만이 30위를, 그리고 말레이시아가 37위를 차지했다. 한국은 이들 아시아 국가들보다 부패했다는 이야기가 된다. 이렇게 보면, 한국을 '부패공화국'이라고 부르고, 부정부패를 한국사회의 국가적 유희라고 간주하는 것이 결코 과장은 아닌 듯싶다.

이 같은 이미지와 정반대되는 이미지를 지닌 국가가 있는가? 있다. 싱가포르이다. 싱가포르는 부정부패가 없기로 유명한 나라이다. 아시아에서 부정부패가 가장 적은 나라가 바로 싱가포르이다. 이 나라는 부정부패에 대해서 매우 단호하게 대처한다. 공무원의 경우, 부정부패를 저지를 경우 평생을 감옥에서 보내야 한다. 다음과 같은 일화가 있다. 1986년 국토개발장관 테 치앙 완 (Teh Cheang Wan)의 부정부패 혐의가 드러났다. 그는 당시 수상이던 리콴유가 신임하던 정치인이었지만, 리콴유는 즉각 수사하도록 지시하였다. 그런데 수사과정에서 사건의 장본인인 테 치앙 완이 자살함으로써 그 사건은 일단락되었다. 부정부패를 저지른 사람은 결코 살아남을 수 없는 싱가포르의 특성 때문에 발생한 비극이었다.

이 같은 일화는 부정부패가 일상적 삶과 문화의 일부분이 되어버린 한국인들에게는 한편으로는 충격으로 그리고 다른 한편으로는 감동으로 와 닿을 것이다. 그래서 싱가포르를 '깨끗한 사회' (Clean Society)로 생각하게 될 것이다. 물론 부정부패로부터 해방된 깨끗한 사회를 건설하고 유지하는 구체적인 제도나 물리적 수단이 어떠하며, 또한 어떻게 작동하는가 하는 문제는 전혀 고려하지 않는다. 그저 겉으로 보이는 모습에 반할 뿐이다. 한국에서는 이른바 신성한 국방의 의무라고 하는 군복무가 부정부패의 온상이다. 돈과 권력을 가진 자들은 온갖 방법을 동원해서 자식들의 군복무를 면제시키려고 한다. 그래서 특권층에 속하는 집단일수록 군복무 면제율이 여타 집단들에 비해서 월등히 높은 편이다. 군복무를 면제받는 사람을 신의 자식, 방위 복무를 하는 사람을 사람의 자식, 그리고 현역으로 복무하는 사람은 어둠의 자식이라고 부르는 나라가 바로 한국이다. 여기에 국민화합이나 국민통합을 바라는 것 자체가 사치스런 생각이다. 그러나 싱가포르는 전혀 다르다. 군복무에는 그 어떠한 예외나 특권도 용납되지 않는 나라가 바로 싱가포르이다. 심지어 장애인도 입대해서 행정업무와 같이 자신이 감당할 수 있는 보직을 수행한다고 한다.

부정부패 다음으로 오늘날 한국의 사회질서를 어지럽히는 요소로는 아마 이 사회에 광범위하게 퍼져있는 분열과 갈등을 꼽을 수 있을 것이다. 한국은 남북으로 갈리고, 동서로 갈리고, 영남과 호남으로 갈리고, 남과 여로 갈리고, 기성세대와 신세대로 갈리고, 도시와 농촌이 갈리고, 노(勞)와 사(社)로 갈리고, 가진 자와 못 가진 자로 갈리고, 또한 명문대학과 비명문대학으로 갈려서 갈등하고 있는 실정이다. 게다가 한국사회는 국가와 정권이 사회적 분열과 갈등을 치유하고 극복해서 국민화합과 국민통합을 이룩하는 것이 아니라, 오히려 이를 교묘하게 조작하고 이용해서 권력의 기반과 토대로 삼고 있다.

여기서 잠깐 다시 한번 한국의 국가에 대해 이야기해 보려고 한다. 일반적으로 한국의 국가는 강력한 국가라고 생각한다. 그러나 한국은 실상 강력한 국가가 아니라는 사실에, 정확히 말해 허약한 국가라는 사실에 주목할 필요가 있다. 왜냐하면 한국은 학연, 지연 및 혈연과 같은 특수한 사회집단과의 연합과 이들의 지지를 통해서만 존립해왔기 때문이다. 연합과 지지 세력에게는 온갖 이권과 특혜라는 반대급부를 제공하는 반면에, 노동자 계급과 같은 비연합·비지지 세력은 억압적이고 강압적이며 폭력적인 수단을 통해서 통제하고 탄압해왔다. 결과적으로 한국은 근대적 국가가 합리적이고 효율적으로 기능하고 작동하는데 필수조건인, 다양한 개인이나 사회집단을 초월하는 보편성을 획득할 수 없었다.

한국은 강력한 국가가 아니라, 허약한 국가에 불과하다. 이

제 한국은 특정한 개인이나 사회집단이 자신들의 특정한 이해 관계를 위해서 '몽니' (김종필)를 부릴 만큼 허약한 국가로 전락하고 말았다.5) 한국의 국가는 권위와 정당성에 바탕으로 하는 강력한 국가가 아니라 권력과 폭력에 의존하는 허약한 국가이며, 또한 한국의 대통령은 지도자 (leader)라기보다 보스 (boss)에 가까운 편이다. 이러한 국가가 강력해 보이는 것은 단지 외적으로 드러나는 물리적-심리적 폭력수단을 사용하기 때문이다. 군화발로 국민들을 짓밟고 경찰과 사법기관을 동원해 국민들을 억누르는 국가는 외견상 매우 강력해 보인다. 실제로는 국민들의 자발적 복종과 동의를 결여한 지극히 허약한 국가임에도 불구하고 말이다. 군화발과 경찰 및 사법기관은 국가의 허약성을 은폐하고 보충하기 위한 수단임에 불과하다.

이에 반해서 싱가포르는 국가가 강력한 리더십을 바탕으로 국민화합과 국민통합에 성공한 케이스로 꼽히는 나라이다. 예컨대 싱가포르는 1960년대 말에 고용법과 노사관계법을 제정해서 노동운동을 탈정치화 하였다. 하지만 한국경제는 현재 만성적이고 과격한 노동운동에 의해서 발목이 잡힌다고 주장하는 사람들이 많다. 외국인들은 한국 하면 의례히 전투적인 노동투쟁을 연상한다고 한다. 그래서 다국적 기업들이 한국에 투자하는 것을 꺼리고 있는 것이 아닌가?

싱가포르는 중국인, 말레이족 및 동남아의 여러 소수 부족으

---

5) 김덕영, "주체·의미·문화. 문화의 철학과 사회학", 서울: 나남출판 2001, 222쪽.

로 구성된 다민족 국가이다. 자연히 다종교 국가, 다문화 국가
가 될 수밖에 없다. 그런데 싱가포르는 싱가포르라는 용광로
속에 이들 다양성을 잘 용해시켜서 나름대로 사회와 문화의 발
전에 기여하도록 했다는 평가를 받는다. 그래서 이 나라를 가
리켜 동방의 용광로라고 하지 않던가? 그에 비하면 한국의 실
정은 어떠한가? 지방간의 분열과 갈등조차도 제대로 치유하지
못하는 나라가 바로 한국이 아니던가?

한국은 무질서한 사회이다. 길거리는 지저분하며 미로와도
같고, 교통은 복잡하며 공공질서는 제대로 지켜지지 않는다. 환
경은 세계 최악이다. 서울의 오염도는 전 세계에서 수위를 다
틀 정도로 악화된 상태이다. 외국인들은 서울에서 운전을 하는
것은 죽음을 무릅쓰는 무모한 일이라고 입을 모은다. 게다가
외국인들을 위한 제대로 된 안내책자나 안내요원 하나 없는 관
공서나 병원 등 편의시설은 그들의 삶을 어지간히 어렵고도 피
곤하게 만든다고 한다. 그리고 한국인들의 외국어 구사능력은
한참이나 수준이 낮고, 길 안내 간판이나 공공장소에 표기된
외국어는 그야말로 웃어야 할지 울어야 할지 모를 정도로 말도
안 되는 엉터리이다. 오죽하면 외국인들이 살아가기 가장 힘든
도시로 서울을 손꼽겠는가? 세계화를 외쳐대는 한국이 사실은
국제사회로부터 점점 더 고립되는, 이른바 비세계화 또는 반세
계화의 방향으로 치닫고 있다.

그런데 이와는 정반대의 풍경을 자랑하는 나라가 있으니, 그
것은 다름 아닌 싱가포르이다. 사회의 구석구석은 잘 정돈되어

있고, 길거리는 깨끗하며, 환경 역시 오염되지 않았다. 싱가포르를 방문하는 사람들은 그 질서정연하고 깨끗한 모습이 매우 인상적이라고 한다. 한국의 언론들은 싱가포르를 외국인들이 살기 좋은, 그래서 외국기업들이 경제활동을 하기에 적합한 나라라고 치켜세운다. 세계화를 추구하는 한국이 벤치마킹하기에 좋은 나라라고 치켜세운다.

싱가포를 가리켜서 '가든 시티'(Garden City)라고 부른다. '정원도시' – 오죽하면, 이렇게까지 부를까? 이 표현 속에는 이미 유토피아 또는 파라다이스라는 표상이 내포되어 있다. 자연스레 싱가포르를 부러워하고 본받고자 하는 열망이 생기게 만드는 표현이 아닐 수 없다. 요즈음에는 자연과 환경 그리고 생태가 중요한 가치로 부각되고 있지 않은가? 실제로 싱가포르는 어디를 가든 가로수와 수목이 울창하다. 도시 속에 정원이 존재하는 것이 아니라, 정원 속에 도시가 존재하는 것이다. 도시 속에 숲이 존재하는 것이 아니라, 숲 속에 도시가 존재하는 것이다. 이 모든 사실을 종합해보면 싱가포르가 한국인들에게 파라다이스로 와 닿는 것은 자연스럽고 당연한 일이다. 깨끗하고 질서가 정연하며 사회정의가 살아 숨쉬는 '파인 컨트리'(Fine Country), 정원 속에 도시(국가)가 존재하는 '가든 시티'(Garden City) – 싱가포르 신화의 일부분을 구성하는 표상이다.

4. 아시아적 가치

1997년 후반기에 아시아가 커다란 경제위기를 체험하면서 아시아적 가치 (Asian Value)에 대한 논의가 매우 활발하게 진행되었다. 거기에서 위기의 근원을 찾으려는 시도이다. 하지만 아시아적 가치에 대한 논의는 비단 아시아의 위기에만 국한된 것은 아니다. 아시아적 가치는 서구인들이 만들어낸 개념인바, 그들은 원래 아시아에서 서구와 같은 자본주의 경제가 발전하지 못한 이유를 아시아에 독특한 가치체계에서 찾았다. 그러다가 1970년대 이후 한국을 비롯한 아시아 국가들이 눈부신 경제성장을 이룩하자, 이것은 아시아적 가치 덕분이라는 상반된 설명이 대두되었다. 하지만 1997년에 아시아에 경제위기가 불어 닥치자, 이번에는 아시아적 가치를 그 주범으로 몰았다. 그러나 불과 2년 뒤, 한국과 말레이시아가 경제위기를 벗어나는 기미를 보이자, 또 다시 이를 아시아적 가치에 의한 위기의 극복이라고 간주하기에 이르렀다.[6] 이처럼 아시아적 가치는 그야말로 아시아의 모든 것을 설명해주는 전가의 보도이자, 만병통

---

6) 이승환 외 『아시아적 가치』, 경기도 고양시: 전통과 현대 1999, 4쪽.

치약처럼 보인다. 그렇다면, 아시아적 가치란 무엇이란 말인가? 아시아적 가치란 말 그대로 아시아 문화권에 독특한 가치체계라는 의미를 내포하고 있다. 여기서 아시아라 함은 한국, 중국, 일본 베트남과 같이 한자와 유교 문화권에 속하는 나라를 가리킨다. 그래서 아시아적 가치를 달리 유교적 가치라고 표현하기도 한다. 여기에는 서구적 가치와 근본적으로 구별되는 그 무엇인가가 존재한다는 표상이 자리 잡고 있다. 실제로 아시아적 가치를 지지하는 사람들은 서구적 가치의 보편성을 부정한다.

서구는 오랜 세월에 걸쳐서 인간의 존엄성과 권리, 개인주의, 민주주의, 자본주의, 시장, 실용성, 합리주의와 같은 가치를 발전시켜왔다. 여기서 우리가 반드시 유념해야 할 사실이 두 가지가 있다. 먼저 이 같은 서구적 가치는 이미 수천 년 전부터 서구에 존재해온 가치가 아니라, 비로소 근대에 들어와서 발생하고 발전해온 가치라는 사실이 그 하나이다. 그리고 우리는 가치 하면 흔히 정신적이고 이념적인 요소만을 생각하고는 자본주의나 시장과 같은 경제적인 요소는 가치에서 제외시키는 경향이 강하다는 사실이 또 다른 하나이다. 하지만 자본주의와 시장 역시 가치가 될 수 있다. 경제적 가치란 말이다. 바로 이런 이유로 미국과 같은 나라에서는 기업가가 사회적 존경을 받는다. 만일 경제가 가치가 아니라면 그들이 존경받아야 할 하등의 이유가 없을 것이다. 경제적인 것이 가치로 인정받게 된 시기는 바로 서구의 근대에 이르러서이다. 이에 반해서 아시아적 가치는 가족과 공동체 그리고 이것의 권위를 중시하는 집단주의적 경향이 강하다. 아시아에서는 경제적인 것을 가치로 간주하는 전통이 존재하지 않았다. 경제는 어디까지나 정치의 하위범주이자 수단이었을 따름이다. 경제는 '경세'(經世)하고 — 세상을 경영하고 — '제민'(濟民)하는 — 백성을 구제하는 — 국가의 통치 행위와 질서를 구성하는 요소이었을 따름이다.

일반적으로 아시아적 가치는 긍정적인 측면과 부정적인 측면 모두를 내포하고 있다고 주장한다. 먼저 유교문화에는 연장자나 상급자의 강력한 리더십, 가족적 인간관계, 강한 연대의식과 협동정신 및 희생정신 그리고 근검절약과 높은 교육열 등 여러 가지 장점이 있다는 것이다. 바로 이 같은 장점이—방금 위에서 언급한—아시아의 눈부신 경제발전과 경제위기 극복의 정신적 원동력이 되었다는 것이다. 이에 반해서 유교문화에는 정경유착, 부정부패, 불투명성 그리고 연고주의와 파벌주의 및 패거리주의와 같은 여러 가지 단점이 있다는 것이다. 바로 이 같은 단점이—방금 위에서 언급한—아시아에서 경제의 저발전과 경제위기를 초래했다고 보는 것이다. 그럼에도 불구하고 아시아적 가치 혹은 유교 자본주의의 지지자들은 동아시아의 성공적인 경제발전은 유교에 독특한 문화 때문이라고 주장한다. 이미 언급한 바와 같이, 1990년대 말에 아시아에 불어 닥친 커다란 경제위기로 인하여 아시아적 가치에 기반 하는 유교 자본주의가 공격을 받기도 했다. 그러나 이들은 아시아의 위기는 일시적인 현상이며, 아시아적 가치와 발전모델은 여전히 유효하다고 주장하고 있다. 이들의 주장에 의하면, 아시아의 경제위기는 내재적 요인에 의해서가 아니라, 국제 투기자본의 의해 교란 당한 결과이다. 서방의 압력에 끝까지 항거하며 고정환율제를 고수했던 마하티르 말레이지아 전 총리도 이와 같은 견해를 공유하고 있다. 리콴유도 환란은 일시적 현상이며, 아시아적 발전 모델은 유효하다고 본다.

아시아적 가치와 관련해서 유달리 싱가포르가 우리의 주목을 끄는 이유는, 싱가포르의 국부인 리콴유가 국가를 경영하는 형이상학적 토대가 바로 아시아적 가치라는 개념이기 때문이다. 그는 아시아적 가치의 제일가는 옹호자이자 전도사이다. 싱가포르는 아시아적 가치라는 토대 위에서 단시간 내에 후진국에서 선진국 진입하는 기적을 일구었다. 이 나라는 서구적인 이념과 철학을 보편적인 가치로 받아들이지 않았다. 서구적 가치란 서구 사회에서 생성되고 발전한, 그래서 서구인들에게는 맞는 가치일는지는 몰라도, 역사와 문화가 서구와는 근본적으로 다른 아시아 사회에서는 받아들이기 힘들다고 주장한다. 그 대신 유교적 관념에 바탕을 둔 아시아적 가치의 토대 위에서 국가의 틀을 정립하고, 지도자의 강력한 리더십을 정립하고 비약적인 경제성장을 이룩하며 안정된 사회질서를 구축한다.

아시아적 가치의 전도사인 리콴유는 서구적 가치의 보편성을 단호하게 부정하는데, 이는 아시아의 문화는 서구의 문화와 근본적으로 다르다는 대전제에서 출발하기 때문이다. 그는 아시아의 문화와 서구의 문화를 수평적으로 대등한 관계로 보며, 따라서 전자가 후자를 따라갈 필요는 없다고 본다. 리콴유는 문화는 천명이며 숙명이라고 굳게 믿고 있다. 그 누구도 거역할 수 없이 받아들여야만 하는 것이 문화라는 뜻이다. 그래서 그는 서구에서 발전된 민주주의나 인권 등은 동아시아에서 그대로 수용하기 어렵다고 거침없이 주장한다. 미국의 정기간행물 "포린 어페어즈"(Foreign Affairs)의 1994년 3·4월호를 위해서 "문화는 숙명이다"라는 제목 하에 가진 인터뷰에서, 그는 "미국은 동양사회에 제대로 작동하지도 않을 체제를 무분별하게 강요하지 말라"고 역설하기도 했다.[7] 서구식 민주주의나 개인의 존엄성과 인권 등과 같은 가치는 아시아에는 부적합하다는 것이다. 이들 가치는 보편적인 가치가 아니라, 어디까지나 특수한 가치라는 의미이다.

그뿐만이 아니다. 리콴유는 서구사회가 중시하는 민주주의나 개인의 존엄성과 인권 등과 같은 가치는 "원하는 대로 행동하고 함부로 처신할 수 있는 개인적 권리가 확장되게" 함으로써, 도덕이 타락하고, 질서정연한 사회의 건설을 불가능하게 만들며, 그래서 궁극에 가서는 시민사회의 붕괴를 초래한다고 믿어 의심치 않는다. 총기사용, 약물 및 마약의 복용, 폭력의 난무, 부랑인들의 활보와 난동, 공격적인 구걸, 노상방뇨, 공공장소에서의 무례한 행위들을 실례로 들 수 있다. 거기서는 개인들 사이에 투쟁이 벌어지고 아나키즘이 지배하는 자연 상태가 전개된다. 결국 개인들의 자유란 있을 수 없다. 왜냐하면 자유란 정

---

7) 위의 책, 18쪽.

연한 질서를 갖춘 국가에서만 존재하기 때문이다.[8]

개인과 그 이념적 토대인 개인주의에서 출발하는 민주주의나 인권과 같은 서구적 가치는 그 기본 (basics)으로부터 잘못된 것이라고 리콴유는 확신하고 있다. 그에 반해서 아시아적 가치를 이념적 배경으로 하는 자신은 기본에서 출발한다고 믿어 의심치 않는다. 그 기본이란 "개인에게 개입하고, 가족, 친우, 사회의 맥락에서 그 개인을 조명하는" 입장이다. 서양인들은 "내가 알아서 모든 일을 처리할 것"이라고 말을 하는데, 그건 그가 보기에 그저 "마술적 공식 (magic formula)이고, 거대한 계획일 따름"이다. "'개인'이 요술지팡이를 흔들기만 하면 모든 것이 이루어진다는 것, 흥미롭지만 증명된 이론은 아니다."[9] 리콴유가 주창하는 아시아적 가치란 결국 집단주의를 의미하며, 그 핵심은 가족주의에 있다. 개인은 그 자체로 고립되어 존재하거나, 그 자체로 정체성을 지닐 수 없다. 개인은 어디까지나 가족의 일원으로 존재하고 정체성을 획득하게 된다. 그리고 그는 가족을 친족집단의 일부로, 나아가선 친구집단과보다 더 큰 사회의 일부로 간주한다. 국가는 별도로 개인에게 필요한 것을 마련해주려고 노력하지 않는다. 왜냐하면 개인에게 필요한 것은 그의 가족이 가장 잘 제공해줄 수 있기 때문이다.

리콴유에 의하면, 중국을 비롯한 동양의 역사는 비록 수많은 왕조들이 흥망하고 수많은 사회들이 성쇠 하는 역사이었지만,

---

8) 위의 책, 19쪽.
9) 위의 책, 24-25쪽.

서양의 역사와는 근본적으로 달리 그 모든 혼란을 통해서 가족, 친족 및 족벌은 개인에게 "생존의 뗏목"과도 같은 역할을 수행해왔다. "문명이 붕괴하고, 왕조가 침략자들에게 쓸려나간다 해도, 바로 이 생명의 뗏목이 문명을 계승하여 다음 단계로 전수해주는 역할을 했던 것이다." 그러므로 가족이라는 단위야말로 오랜 세월을 거쳐서 검증된 표준이자 사회를 건설하는 밑바탕인 것이다.10)

리콴유는 사서삼경 가운데 하나인 '대학'(大學)에 나오는 '수신제가치국평천하'(修身齊家治國平天下)라는 명제에 가족이 사회의 표준이며 사회를 건설하는 밑바탕이라는 관념이 집약적으로 표현되어 있다고 말한다. 그는 말하기를, "수신이란 스스로를 살피고 닦으며, 스스로 유익한 사람이 되도록 모든 노력을 기울이는 것이다. 제가란 집안을 돌보는 것이며, 치국은 나라를 다스리는 것이고, 평천하는 하늘 아래 모든 것이 평화로운 상태를 말한다. 동아시아엔 이러한 신념을 가진 사람이 헤아릴 수 없이 많다. 내 손녀딸의 이름은 '시우-치'(修齊)이다. 내 아들이 스스로를 닦고 집안을 다스릴 것을 가르치기 위해서 이 두 단어를 골랐던 것이다. 이것이 우리 문명의 기초적 개념이다. 정부는 끊임없이 명멸하지만 이것만은 남는다. 우리는 자립(自立, self-reliance)에서 출발한다. 서양은 정반대이다. 정부는 '내게 대중적인 소명을 달라, 모든 사회문제를 풀 것이

---

10) 위의 책, 23쪽, 27쪽.

다'라고 말하고 있는 것이다."11)

우리는 이 인용문에서 가장 권위 있는 동양의 고전 가운데 하나인 대학에 준거해서 자신의 가족주의와 그 바탕 위에 서 있는 아시아적 가치의 개념적-이론적 설득력과 권위를 높이고 자 하는 리콴유의 시도를 엿볼 수 있다. 사실 동양에서 '수신 제가치국평천하'(修身齊家治國平天下)라는 명제보다 개인과 가 족 및 국가 그리고 세계의 관계를 더 압축적이고 상징적으로 표현한 명제가 어디에 있겠는가? 우리는 여기에서 리콴유가 국가 대신에 가족을 강조하는 대목을 간과할 수 없다. 방금 인 용한 바와 같이, 그는 대중으로부터 소명을 받고 모든 사회문 제를 해결하려고 하는 서구의 국가를 비난하고 있다. 모든 상 황에서 국가가 개인을 부양할 수 있다고 믿는 서구인들의 생 각은 잘못이라는 것이다. 사실 국가 자체도 이를 믿지 않는다 는 것이다. 개인을 보살펴주고 개인을 도와줄 것은 가족과 같 이 그가 지닌 인간관계라는 것이 리콴유의 확고한 신념이다.

그러나 우리가 여기서 반드시 유념해야 할 사항은, 리콴유가 궁극적으로 추구하는 바는 이른바 작은 국가나 작은 정부가 아니라 아시아적 가치의 핵심인 가족의 논리를 국가에 확대적 용해서 민주주의적 정치체제가 아닌 가부장적이고 권위주의적 인 정치체제를 구축하고, 이런 바탕 위에서 국가가 개인과 가 족 및 모든 사회집단에 전방위적으로 개입하고 감시하고 통제

---

11) 위의 책, 23-24쪽.

하는 경찰국가와 병영사회를 건설하고자 한다는 사실이다. 이렇게 보면, 가족주의는 국가주의를 은폐하고 엄폐하기 위한 위장망에 불과한 것이다. 국가는 확대가족이고 국민들은 이 가족의 구성원이며 국가의 통치자는 이 가족을 권위주의적으로 다스리는 가부장이다. 리콴유는 이처럼 유교적 문화전통에 부합하는 가부장적 권위주의 체제가 민주주의 체제보다 적합하다고 주장한다.

또한 개인의 권리와 개인주의가 중시되는 서구식 시장경제의 철학도 역시 아시아에는 적절하지 않다고 본다. 가부장인 국가의 통치자와 정부가 경제를 기획하고 지도하는 대로 가족 구성원인 국민들은 그냥 따라가기만 하면 되는 것이다. 싱가포르에는 시장경제가 아닌 국가중심적 (state-centered) 경제체제가 최적이라는 의미이다.

리콴유는 경제발전을 위해서는 정치적 민주화를 유보해야 한다는 입장을 피력한 적도 있다. 그는 1989년 북경 천안문에서 자유의 여신상을 앞세우며 민주주의를 위해 투쟁했던 중국의 학생들을 신랄하게 비난하였다. 그는 만일 시위대가 혁명에 성공했더라면, 오늘의 중국 경제는 소련 경제보다 더 낙후되었을 것이라고 단언하였다. 리콴유는 한국의 민주화에 대해서도 그리 고운 시선을 갖고 있지 않다. 물론 자신과 비슷한 스타일인 박정희 정권에 대해서는 극히 우호적이었다.

결국 아시아적 가치란 리콴유의 자의적 판단에 의해서 싱가포르의 개발독재를 합리화하기 위해서 도입된 것이라고 볼 수 있다. 어찌 되었든 간에 아시아적 가치는 싱가포르의 국가통치와 경제발전 그리고 사회질서에 커다란 공헌을 하였다. 아시아적 가치는 한낱 후진국에 불과하던 동남아의 작은 도시국가 싱가포르를 단시일 내에 선진국으로 도약시킨 정신적－형이상학적 기반이 되었다. 우리가 이미 위에서 기술한 싱가포르의 모습은 아시아적 가치를 빼고는 제대로 설명할 수 없다. 하지만 다른 한편 아시아적 가치에 기반을 두고 있는 싱가포르는 가부장적이고 권위주의적인 전체주의적인 병영사회와 경찰국가를 건설함으로써, 과도하게 민주주의를 탄압하고 개인의 권리를 제한하고 인권을 유린하는 값비싼 대가를 지불하게 되었다.

한국의 경우도 반드시 아시아적 가치라고 단정할 수는 없지만, 그래도 어찌 되었건 유교적 전통과 이념에 바탕을 두는 인간의 사고와 행위 및 사회관계에 의해서 경제가 발전했다고 보아도 무방할 것이다. 싱가포르와 마찬가지로 가족주의가, 좀 더 정확하게 말하자면 확대된 가족주의가 경제발전의 근간이었다. 기업과 국가는 서구에서와 같이 자율적인 개인들이 모여서 경제적, 정치적 행위를 하고 상호관계를 맺으며 상호작용을 하는 사회적 장(場)이 아니라, 어디까지나 확대된 가족일 뿐이다. 기업가와 국가 지도자는 가부장이며, 노동자와 국민들은 가족을 구성하는 자식들이다. 가족의 구성원들은 가족을 위해서 봉사하고 희생하는 것이 의무요 미덕이다. 이 같은 가족주의적이고 가부장적인 분위기에서는 개인들을 조직화하고 통제하기가 매우 용이하다. 결과적으로 한국은 산업화 초기의 열악한 노동 조건과 환경, 긴 노동시간 그리고 저임금과 같은 열악한 상황에도 불구하고 비약적인 경제성장을 이룩할 수 있었다.

그렇지만 한국은 다른 한편—이미 위에서 상세하게 기술한 바와 같이—싱가포르와는 달리 선진국에 진입하지 못하고 말았다. 싱가포르와 같이 아시아적 가치에 기반을 두어서 눈부신 경제성장을 이룩한, 그래서 한때는—대만 및 홍콩과 더불어서—아시아의 네 마리 용으로 불리던 한국은 선진국으로 승천한 싱가포르와는 달리 결국 이무기로 전락하고 말았다. 게다가 싱가포르라는 용과 한국이라는 이무기 사이의 격차는 점점 더 커지고 있는 실정이다.

이 같이 싱가포르가 이룩한 성공과 한국이 겪은 좌절은 한국인들로 하여금 싱가포르의 아시아적 가치에는 무언가 색다른 것이 있지는 않을까 하는 생각을 갖도록 만들었다. 우리도 막연하지만 리콴유가 이야기하는 바의 아시아적 가치를 제대로 해석하고 수용하면 싱가포르와 같이 자본주의와 경제의 발전을 이룩할 수 있지 않을까 하는 생각을 만들었다고 본다. 그래서 지식인들 사이에는 한국의 자본주의를 유교 자본주의라고 규정하고 연고주의에서 사회발전과 경제성장의 원동력을 찾으려는 움직임이 있다. 이렇게 해서 아시아적 가치는 싱가포르를 신화화하는 퍼즐 맞추기의 마지막 조각이 된 것이다. 한국인들이 창조한 싱가포르 신화는 그래서 경제성장, 국가와 지도자 사회질서 그리고 아시아적 가치라는 네 가지 부분으로 이루어져 있다.

III.
싱가포르 신화의 빛

1. 섬나라 싱가포르:
아름다운 가든 시티(Garden City)

언제부터인지 몰라도, 한국인의 싱가포르에 대한 이미지는 '작고 깨끗한 나라'로 굳어져 있다. '먼지 하나 없는 깨끗하고 질서 정연한 거리', '부패가 없는 투명하고 깨끗한 사회' 등은 싱가포르에 대한 우리의 전형적인 선입견이라고 할 수 있다. 싱가포르는 유럽의 스위스와 같이, 비록 작지만 살기 좋은 나라고 한국인에게 인식되고 있다. 싱가포르 닉네임이 '가든 시티'이다. 우리의 싱가포르에 대한 이미지와 너무나도 일치한다고 본다. 사실 싱가포르 전체가 숲속에 덮여 있고, 거의 모든 도로가 숲속을 통과한다. '가든 시티'는 지구상에 싱가포르가 유일하다. 싱가포르가 '가든 시티'라는 것은 실로 자타가 공인하는 바이다. 가든 시티에 대한 싱가포르인들의 자부심은 대단히 강하다. 싱가포르를 처음 방문하는 외국인들은 수십 킬로에 달하는 고속도로가 숲속을 지나는 것을 보고 경탄하며 찬사를 아끼지 않는다. 싱가포르는 주변 동남아시아 국가들과 확연히 구분되는 환상의 도시임에 틀림이 없다. 인도네시아나 말레이시아 같은 후진국사이에 작은 도시국가인 싱가포르는 분명 동남아의 군계일학이라 하지 않을 수 없다. 싱가포르, 말레이시아, 인도네시아 3국 패키지여행을 한 한국 사람들은 이를 절실하게 실감한다. 주변국들의 무질서하고, 더러운 거리와 잘 정돈된 싱가포르의 모습은 너무나 큰 대조를 이룬다. 그래서 싱가포르를 동남아시아의 진주라고 부르기도 한다.

싱가포르를 방문하기 전에는 싱가포르가 섬나라인 것을 아는 사람은 별로 없다. 싱가포르 섬은 구조적으로 말레이 반도의 연장이며, 좁은 조호르 해협을 사이에 두고 반도와 떨어져 있다. 지도상에는 말레이시아 반도 끝에 자리 잡은 작은 도시로 나타난다. 싱가포르 섬은 서울시의 크기만 한 작은 섬이다. 면적은 $692.7km^2$이고 인구는 외국인 거주자를 포함하여 445만 명이다. 싱가포르의 면적은 매우 작지만, 인구는 뉴질랜드나 핀란드에 수준이다.

싱가포르인들은 자기나라가 매우 작다는데 대하여 큰 콤플렉스를 갖고 있다. 이것은 자부심이 강한 싱가포르인들에게는 소위 아킬레스건이다. 하지만, 인구가 400만이 넘기 때문에 싱가포르가 아주 작은 나라는 아니라고 항변한다. 미니국가라는 콤플렉스를 극복하기 위해, 그들은 인구를 말할 때 최대한 부풀린다. 싱가포르의 인구통계에는 외국인 거주자의 수를 반드시 포함시킨다.

싱가포르는 국토에 비하여는 인구가 꽤 많은 편이고, 1인당 국민소득이 2만 5천 달러로 높아서 경제규모는 그리 작은 편은 아니다. GDP가 1000억 달러에 이르고 있어, 한국경제 규모의 1/4에 해당된다. 인구나 경제규모로 보면, 싱가포르는 결코 초미니 도시국가는 아니다. 그러나 면적은 서울보다 약간 크지만, 제주도의 1/3에 불과한 아주 작은 섬나라이다. 차를 몰고, 섬의 서쪽 끝에서 동쪽 끝까지 고속도로로 주행하면, 40분밖에 걸리지 않는다. 즉, 국경에서 정반대의 국경까지 차로 40분이면 주파한다는 이야기이다. 제주도 여행을 한 사람이라면 제주도가 얼마나 작은 섬이라는 것을 잘 알 것이다. 그런데 싱가포르의 면적이 제주도의 1/3에 불과하니, 얼마나 협소한 곳인지를 짐작하고도 남을 것이다.

싱가포르는 본토라고 할 수 있는 큰 섬과 주변의 부속 섬들로 구성되어 있다. 싱가포르 섬의 북부는 화강암의 구릉지이고, 최고봉 부키티마(Bukit Timah)는 해발고도가 177m에 지나지 않는다. 싱가포르는 사실상 산이 존재하지 않고, 섬전체가 완만한 경사의 평지로 되어 있다. 이러한 자연조건 때문에 싱가포르에서는 차의 수명이 유난히 길다. 20만 내지 30만 km를 달린 차들이 상당히 많다. 그 이유는 열대지방이라 추운 겨울이 존재하지 않아 차 엔진에 부담이 없고, 더욱이 경사가 없어 차에 부담을 거의 주지 않기 때문이다.

싱가포르는 짧은 하천들이 그물처럼 촘촘히 얽혀 있으며, 가장 긴 강인 셀레타르 강도 길이가 16km에도 못 미친다. 밀림은 중앙부 구릉지에만 남아 있으며 수원지 보호림으로 되어 있다. 싱가포르 섬 동부 해협은 수심이 깊어서 항구가 자리 잡고 있는 반면, 서쪽 해협은 수심이 얕다. 섬의 남쪽 해협은 산

호초가 발달해 있다.

적도 바로 위에 위치한 싱가포르의 기후는 열대 우림 형으로 기온은 연 평균 섭씨 27.1도 이며, 습도는 85%－95%로 무척 습하다. 습도가 무척 높아서 밤에도 몇 시간 야외에 있으면, 움직이자 않았어도, 옷이 비 맞은 것 같이 축축하게 젖는다. 싱가포르의 습도는 아프리카 가나의 습도와 비슷하다. 아프리카 원주민들이 옷을 입지 않는 이유는 습도가 무척 높기 때문이다. 사실 싱가포르도 옷을 입은 상태에서 조금만 움직여도 온 몸이 땀으로 젖는다. 그래서 싱가포르 사람들은 낮에는 5분 이상 걷지 않으며, 아무리 가까운 거리도 버스나 차를 타고 이동한다. 겨울의 우기를 제외하고는 항상 햇볕이 강렬하게 내리 쏟는다. 그리고 하루에 몇 차례씩 스콜이라 부르는 집중 호우성 소나기가 쏟아지곤 한다. 흐린 날이 거의 없고, 밝은 날이 계속되는 싱가포르의 명도는 대단히 높다. 적도의 직사광선은 눈을 뜰 수 없도록 눈부시다.

싱가포르 국제공항인 창이(Changi) 공항에 도착하여 차로 시내에 진입하면, 열대우림의 가로수와 눈부시도록 밝은 도시모습이 인상적이다. 그래서 싱가포르 공항에 처음 도착한 사람이 느끼는 싱가포르에 대한 첫인상은 무성한 가로수에서 분출되는 녹색과 작열하는 태양으로 인한 눈부신 맑은 하늘이다. 흐린 날이 많은 유럽에서 온 관광객들은 이러한 밝고 환한 싱가포르의 모습에 크게 매료된다. 일조량이 많고, 비가 많이 오는 싱가포르는 식물이 자라기에 최적의 장소인 것이다. 따라서 나무가 빨리 자리 나고, 쉽게 무성한 숲을 이룰 수가 있다. 가든 시티는 물론 인공적으로 조성된 것이지만, 이러한 자연 조건이 아니면 가능하지 않은 것이다. 그래서 싱가포르와 같은 가든 시티는 지구상에서 유일무이한 것이 아닌가 한다.

싱가포르 섬은 그 모양이 우리나라의 제주도와 거의 흡사하다. 제주도의 서귀포에 해당되는 지역에 도심이 존재한다. 이를 시티센터(City Center)라고 부른다. 싱가포르가 도시국가라고 하여 섬 전체가 건물로 꽉 들어 차 있는 도시라고 생각하면 큰 오해이다. 도심을 제외한 대부분 지역은 주거지역이나 공장지대 또는 자연보호 구역 등으로 구성되어 있다. 자연 보호구역은 자연 그대로의 정글이 보존되어 있다. 이곳에 야생동물원이 위치하고 있다.

주거지역은 건물이 조밀하게 들어서 있지 않으며, 어느 곳을 가든지 숲이 무성하여 실로 가든 시티임을 실감하게 한다. 싱가포르는 한국과 같이 부심이 존재하지 않고, 제주도의 서귀포에 해당하는 지역인 남쪽 해안지역에 서울의 명동에 버금가는 번화가가 발달되어 있으며, 고층 건물들이 밀집되어 있다. 이곳에 금융기관, 호텔, 그리고 기업들의 사무실이 즐비하게 들어서 있다. 이 곳에는 싱가포르에서 가장 높은 빌딩인 래플스 호텔과 최대의 쇼핑가인 썬택시티(Suntec City)와 마리너스퀘어(Marina Square)가 있다. 마리나 스퀘어는 현대건설이 수주하여 완공하였다. 그리고 썬택시티는 현대와 쌍룡건설이 함께 수주하여 완성했고, 래플스 호텔은 쌍룡건설에 의해 지어진 것이다.

중동건설 붐 이후, 한국건설업체들이 싱가포르에 대거 진출하여 대표적인 건축물들을 건설하였다.

싱가포르의 건축물들은 예술적으로 많은 가치가 있다고 한다. 한국의 건물들은 일반빌딩이나 아파트 모두가 직육면체로 지극히 단조롭다. 이에 비해 싱가포르의 건축물은 다양한 모습을 하고 있다. 남쪽 바다에서 싱가포르를 보고 있으면, 시카고의 모습과 너무나도 흡사하다. 남쪽 해안을 경유하는 고속도로에서 차를 운전하면, 싱가포르의 중심가가 한 눈에 들어오는데 오대호에서 시카고를 보고 있는 착각을 일으키곤 한다. 싱가포르의 건축물들을 연구하러 싱가포르에 오는 사람들도 있다고 한다. 중심가의 어떤 건물은 정면에서 보면, 종이 한 장을 세워놓은 것 같이 보인다. 특수한 디자인으로 이러한 착시를 일으키게 하는 것인데, 이러한 건축물은 흔히 볼 수 없는 아주 희귀한 빌딩이다.

상업 중심지에서 약간 북쪽으로는 고급주택단지와 초호화 아파트들이 자리 잡고 있다. 싱가포르의 호화 아파트나 고급콘도는 한국의 타워펠리스에 버금간다. 이러한 아파트에는 한국기업의 현지법인장 등이 기거한다. 80-100평의 규모에 대리석 등 고급자재로 인테리어가 되어 있는데, 보는 이들로 하여금 넋이 빠지게 한다.

이 지역은 일찍이 식민지 시절에는 영국인들의 주거지역이었다. 지금도 이 곳의 초호화 아파트에는 다국적 기업들의 중역 등이 거주하고 있다. 고급주택가는 주로 도시 변두리에 위치하는데, 싱가포르의 경우는 예외적이다. 도심이라도 숲이 우거져 있고, 공기가 쾌적하여 고급주택가나 호화 콘도미니엄이 자리 잡기에 조금도 손색이 없다. 또한 이 지역에 싱가포르에서 가장 화려한 거리인 오챠드(Orchard)가 위치한다. 상업지구와 오차드 거리는 싱가포르의 노른자이고 먼지하나 없이 깨끗한 지역이다. 관광객들의 필수 코스이기도 한데, 방문객들이나 관광객들이 깨끗하고 잘 정돈 된 도심을 보고 감탄을 아끼지 않는다.

싱가포르 정부는 값싼 외국인 노동자들을 고용하여 수시로 길을 청소시키고 있다. 깨끗한 싱가포르의 거리는 이러한 정부 정책의 결과이기도 한다. 크리스마스 때는 오차드의 화려한 추리가 이 거리를 아름답게 장식한다. 에어콘이 나오는 차 안에서 오차드의 크리스마스 추리를 보고 있으면, 싱가포르가 열대지방이 아닌 것으로 착각을 하기도 한다. 오차드에는 싱가포르의 최고 백화점이라고 할 수 있는 다카시마야(Takashimaya)가 있다. 싱가포르의 롯데 백화점이라고 할 수 있는 다카시마야는 일본자본에 의해 세워진 백화점이다. 다카시야마의 존재는 싱가포르 내의 일본자본의 크나큰 영향력을 짐작해 주고도 남는다.

싱가포르 섬 남쪽 가까이에 센토사라는 작은 섬이 위치한다. 싱가포르의 에버랜드라고 할 수 있는 놀이동산이 센토사에 자리 잡고 있다. 이 센토사 섬은 호텔과 골프장도 갖추고 있는 싱가포르 최고의 관광 유원지이다. 한국의 에버랜드에 비하여는 훨씬 규모가 작다. 하지만, 싱가포르의 국토에 비하여서는 상당히 큰 유원지라고 할 수 있다. 싱가포르는 관광수입을 위한 정부의 정책으로 센토사 섬을 개발하였고, 세계적 수준의 놀이동산으로 발전시키기 위하여 최고경영자(CEO)도 해외에서 전문가를 영입하였다.

싱가포르 섬의 동쪽 끝에는 세계적인 공항이라고 할 수 있는 창이 국제공항(Changi Airport)이 자리 잡고 있다. 부근에는 군항을 포함한 항구와 휴양지가 들어서 있다. 싱가포르의 공항은 원래 시내 한 복판에 있었는데, 동쪽 끝의 해변에 한국의 인천국제공항과 같은 대규모로 새 공항을 건설한 것이다. 싱가포르 창이공항은 한국의 현대건설이 수주하여 완공되었다. 창이공항은 한국이 인천국제공항을 건설할 때, 모델이 되기도 하였다. 지정학적으로 싱가포르는 동남아 지역의 요충지이므로, 창이국제공항은 이 지역의 허브(Hub)의 역할을 하고 있다. 아시아에서 중동, 유럽, 그리고 아프리카를 갈 때는 반드시 싱가포르에서 환승해야만 한다. 이러한 지정학적 이유로 싱가포르는 원래 중계무역항으로 발달하였고, 자연히 이 동남아의 물류 중심지가 되었다. 이로 인하여 파생되는 경제적 효과는 싱가포르의 경제성장에 크게 기여 하였다. 사실, 싱가포르는 식민지 시절에도 중계무역업에서 발생하는 수익으로 인하여 주변국가들보다 경제적으로 부유하였다. 근래에 한국에서는 동남아시아와 중동에 선교사들을 많이 파견하고 있는데, 싱가포르가 선교 중심지가 된다고 한다.

그 이유는 싱가포르가 이 지역의 중심에 위치하고 있어서 각 선교지역에 신속히 도달할 수 있기 때문이라고 한다. 북쪽으로는 우드랜드(Woodlands)라는 신도시가 들어서 있다. 지리상으로는 제주도의 제주 시에 해당되는 지역이다. 이 지역은 말레이시아로 통하는 국경지대이다. 말레이시아로 연결되는 다리가 있는데, 다리를 건너면 말레이시아의 대도시 중에 하나인 조호바루(Johor Bahru)에 이른다. 이 도시의 땅 값은 말레이시아의 수도인 쿠알라룸프르(Kuala Lumpur)보다 비싸다. 그 이유는 조호바루가 동남아의 진주인 싱가포르에 접해 있기 때문이라고 한다.

싱가포르에는 서울처럼 여러 곳에 부심이 존재하지는 않는다. 그런데 우드랜드는 일조의 부심 아닌 부심이다. 이 곳에는 컴팩(Compaq) 등의 다국적 기업들이 입주해 있다. 그리고 싱가포르 미국인 학교(Singapore American School)가 이 곳에 있는데, 한국인 주재원들의 자녀도 이 학교에 많이 다니고 있다. 싱가포르에는 외국인 학교가 여러 17개 있는데, 그 중에서 싱가포르 미국인 학교가 으뜸으로 손꼽힌다. 학비가 무척 비싼 편이다. 1년 등록금이 싱가포르 달러로 약 2만 3천불(1600만원) 정도이다. 회사나 직장의 교육비 지원이 없으면, 자녀를 이러한 학교에 보내기는 무척 어렵다. 한국 교민들이나 주재원들은 높은 교육열로 인하여, 무리하면서까지 자녀들을 이 학교에 보내고 있다. 싱가포르의 한 국립대학에 재직하고 있는 한국인 교수 한 분은 세 자녀를 모두 싱가포르 미국인 학교를 보냈는데, 교수 월급으로는 그 많은 학비를 충당할 수가 없었다. 그래서 부인이 현지 여행사에 관광 가이드로 취업하여, 세 자녀 모두를 이 학교에 보낼 수 있었다고 한다.

싱가포르 서쪽은 주룽(Jurong)이라는 지역이 있는데, 이 곳은 아파트와 공장이 들어서 있다. 그리고 이 곳에 관광 패키지의 필수코스인 주룽새공원(Jurong Bird Park)이 있다. 이 지대는 싱가포르에서는 서울의 강북에 해당되는 변두리 지역이다. 이 곳의 주택지대는 주로 싱가포르의 서민들이 거주하는 지역이다. 여기는 외국인들은 거의 거주하지 않는다. 그래서인지 도심에 비하여서는 거리가 대단히 지저분하다. 아마 외부의 눈길이 뜸해서 그런지 모르겠다. 서민들이 거주하는 싱가포르의 변두리 지역은 도심과는 전혀 다른 분위기이다. 우리들이 갖고 있는 '먼지 하나 없고 깨끗하고 질서 정연한 도시'의 싱가포르 이미지와는 거리가 멀다. 서민들이 거주하는 아파트 지역은 너무나도 수수하고, 초라하기까지 하다. 싱가포르 국민들은 상류층을 빼고는 거의 이러한 아파트에 살고 있는데, 모양도 단조롭고, 외양은 다소 지저분하다. 도저히 1인당 국민소득 2만 5천 달러의 나라로 믿기 어려울 정도다. 습기가 무척 높아서 그런지 몰라도 서민 아파트에는 악취가 풍기기도 한다. 습기가 많기 때문에 아파트 1층은 텅 비어 있는 상태로 기둥만이 서 있다. 처음 볼 때는 매우 낯설게 느껴진다.

물론 외견상 볼품이 없음은 말 할 것도 없다. 실내 및 실외 인테리어도 아주 수수한 편이다. 이 서민 아파트의 엘리베이터는 각 층마다 서는 것이 아니라, 격 층으로 선다. 이는 전력을 아끼지 위해서라고 한다. 그리고 전력공급의 문제로 에어컨을 설치하는데 서민 아파트는 많은 제약이 있다. 물론 호화 콘도나 고급 아파트에는 이러한 제약이 전혀 없다. 습도가 85% 넘는 기후이지만, 서민들 전부가 에어컨을 설치한 것이 아니다. 직립식이 아닌, 주로 벽에 부착하는 에어컨을 설치한다. 그런데 아파트의 규정에 따라 2-3개 정도 만 집에 설치 할 수 있다. 서민들은 에어컨이 없이 지내는 경우가 허다하다. 믿기 어렵겠지만, 싱가포르에 에어컨이 보편화 된 지는 얼마 되지 않는다. 80년대 만 하더라도, 잘사는 집에도 에어컨이 설치되어 있지 않았다. 천장에 붙어 있는 큰 선풍기가 고작이었다고 한다. 싱가포르는 사시사철 폭염이 계속되는 열대지방이라서 일반사람들은 어려서부터 더위와 습기에 익숙해 있다. 따라서 서민들은 꼭 비싼 에어컨을 구입할 필요는 없는 것이다.

이들이 빨래를 말리는 방법이 아주 특이하다. 한국처럼 빨래줄이나 빨래걸이에 걸지 않고, 긴 막대기를 창문 밖으로 내밀고, 그 막대기에 빨래를 넌다. 물론 고급 아파트에는 건조기가 있어서 이런 식으로 빨래를 말리지 않는다. 서민 아파트의 빨래 너는 모습은 미관상 아주 좋지 않아서, 마치 슬럼가를 연상하게 한다.

싱가포르의 서쪽 해안에 말레이시아와 접해 있는 투아스 (Tuas)라는 곳이 있다. 이 곳을 통과하여 다리를 건너면 말레이시아로 연결된다. 싱가포르 사람들이나 외국인들은 주말에 말레이시아로 골프를 치기 위해 투아스를 거쳐 말레이시아로 간다. 그 이유는 싱가포르의 물가가 골프 값을 포함하여 말레이시아에 비해 두 배 이상이기 때문이다. 특히, 말레이시아의 기름값은 싱가포르의 1/2이하이다. 그러면 싱가포르인들은 당연히 기름을 항상 국경을 넘어가서 넣으려 할 것이다. 이를 방지 하기위해 싱가포르 정부는 싱가포르에서 말레이시아로 넘어 가는 차량에 대하여 기름을 가득 채우게 하였다. 만일, 싱가포르에서 말레이시아로 가려는 차량의 기름이 2/3미만이면, 출국이 허가 되지 않는다. 주말에 국경을 넘어 말레이시아로 간 사람들은 말레이시아에서 되도록 많이 쇼핑을 한다. 이렇게 하면, 생활비를 크게 절약할 수 있게 된다. 투아스 지대는 공장지대로 되어 있고, 특히 국경지역에는 일반 거주지는 거의 보이지 않는다. 이 지역은 도시가 텅 빈 느낌을 준다. 국경지대에는 호텔과 고급 레스토랑이 들어서 있다. 투아스의 국경지대는 싱가포르의 다른 지역과는 확연히 다른 분위기가 돈다. 이 곳에 들어서 있는 호텔 앞의 바다는 유럽의 지중해와 비슷하다고 한다.

싱가포르의 교통시스템은 대중교통 위주로 발달되어있다. 지하철과 버스가 유기적으로 연계되어 운행되고 있다. 이는 서울시가 최근에 개편한 교통시스템과 아주 유사하다고 보면 된다. 싱가포르의 지하철은 서울의 지하철 같이 발달되지는 못했다. 동서와 남북을 연결하는 정도이며, 최근에 몇 개의 지선이 추가 되었다. 싱가포르의 전동차는 한국 전동차에 비하여 작고, 속도도 훨씬 느리다. 그리고 전동차 내에 짐을 올릴 수 있는 선반이 없어서 무척 불편하다. 그러나 환승역에서 기차를 갈아 탈 때, 많이 걸어야 되는 한국의 경우와는 달리, 싱가포르에서는 손쉽게 전동차를 갈아 탈 수 있다. 또한 거의 모든 역에 에스컬레이터가 설치되어 있어서 힘들게 계단을 오르내릴 필요가 없다. 시내버스의 종점은 지하철역에 위치하며, 버스는 이 곳에서 출발하여 다시 출발 한 역으로 돌아오게 된다. 시내버스는 대부분 소위 순환노선이다. 한국의 시내버스와는 달리, 싱가포르의 버스는 런던에서 볼 수 있는 2층 버스나 길이가 매우 긴 버스 등이 많이 있다. 버스요금은 승차한 거리에 따라 지불하게 되어 있다. 시내에는 새 버스들이 운행되나, 주룽과 같이 외국인이나 방문객이 뜸한 지역은 매우 낡은 버스들이 많이 있다. 한국에서는 찾아 볼 수도 없는 오래 된 차량을 싱가포르 변두리에서는 흔히 볼 수 있다. 이러한 노후한 차량을 보았을 때, 이 곳이 과연 2만 달러의 소득이 넘는 선진국인가하는 의구심이 들 정도이다. 마치 태국이나 말레이시아에 온 느낌이 들기도 한다. 그리고 더욱 놀라운 것은 연중 폭염이 계속되는 열대지방에서 운행되는 버스에 에어컨이 없다는 사실이다.

물론 외국인들이 거주하는 시내의 버스는 100% 에어컨이 장착되어 있다. 변두리 지역에 운행되는 버스 가운데 50%는 에어컨이 없는 버스다. 이 버스는 에어컨 버스보다 요금이 약간 저렴하다. 한국은 5월이면 버스에 에어컨을 키고 다닌다. 한국의 삼복더위인 싱가포르의 버스에 에어컨이 없다는 것은 실로 놀라운 일이 아닐 수 없다. 그것도 자칭 선진국이라고 하는 나라에서 에어컨이 없는 낡은 버스가 운행되고 있다는 사실은 어

떻게 설명해야 될지 모르겠다. 싱가포르인들이야 폭염에 익숙
되어 있어서 에어컨 없는 버스에 아무 거부 반응이 없을지도
모르겠다. 그러나 더위에 익숙하지 않은 외국인들에게는 이는
큰 고통이 되지 않을 수 없다. 싱가포르는 더위로 인하여 바깥
에서 오래 있기가 매우 어렵다. 그런데 버스를 기다리느라 더
위에 지치고 난 다음, 그것도 에어컨이 없는 버스에 오르면 마
치 숨 막히는 사우나에 들어 간 느낌이 든다.

싱가포르의 도로는 크게 고속도로와 일반도로로 구성 되어
있다. 고속도로는 섬의 중심부를 가로 지르는 고속도로와 섬의
해안을 따라 동서를 횡단하는 고속도로 두 가지가 있다. 이 두
고속도로는 서울의 올림픽대로와 강변대로와 같다고 보면 된
다. 싱가포르의 두 고속도로 모두 숲을 통과하지만, 특히 섬의
중심부를 가로 지르는 고속도로는 거의 처음부터 끝가지 숲
속을 벗어나지 못한다. 처음에는 이런 것이 무척 신기하나, 익
숙하게 되면 오히려 답답하다는 느낌이 든다.

싱가포르에서 서쪽 국경인 투아스를 거쳐 말레이시아로 가
면, 미국의 고속도로처럼 널찍하게 뚫린 도로를 달리게 된다.
답답했던 마음이 한꺼번에 탁 트이는 기분이 든다. 숲속의 도
로가 관광객이나 방문객에게는 특이하여, 신선하고 아기자기한
느낌을 주는 것은 틀림없는 사실이다. 그러나 숲속의 도로에
익숙해지면, 다시 훤히 뚫린 도로에서 드라이브 해 보았으면
하는 생각이 들게 된다. 숲 속의 도로는 거주자보다 외국 관광
객에게 더 매혹적인지 모르겠다. 시내도로들은 서울의 거리에

비해 일방통행이 많고, 도심을 제외하고는 붐비는 곳이 없다. 차량이 도시의 규모에 비하여 적기 때문에, 거리에서 드라이브를 여유 있게 할 수 있다. 물론 러시아워에는 고속도로도 올림픽대로 같이 간간히 막히기도 한다. 싱가포르는 차량의 혼잡을 막기 위하여 자동차 구입을 최대한 억제하고 있다. 싱가포르 정부는 일정량의 차량만 운행할 수 있게 한다. 이를 위하여 자동차 번호판의 숫자를 통제한다. 차를 새로 구입하려고 하는 사람은 입찰을 통하여 번호 판을 구입해야 한다. 그런데 낙찰이 되어 차를 구입하게 되면, 엄청난 양의 세금과 번호판 값을 지불해야만 된다. 번호판 구입가격과 세금이 자동차 값을 훨씬 능가한다. 예를 들어 싱가포르에서 현대 소나타를 구입하려면 적어도 6천만 원을 지불해야 된다. 이렇게 차 값이 터무니없이 비싼 이유는 번호판 값과 세금이 모두 합쳐 4천만 원 이상 되기 때문이다. 싱가포르에서 쏘나타를 사려면 한국에서 다이내스티를 구입하는 만큼의 돈이 들어간다. 벤츠 같은 고급 승용차의 값은 1억 이상을 호가한다. 싱가포르의 국민소득이 2만 5천 달러나 되지만, 일반시민이 차를 구입하는 것은 엄두도 내기 힘든 것이다.

따라서 싱가포르에서는 고소득 층 아니고는 차를 사는 것은 어렵다. 새 차를 샀다 하더라도, 그 차를 10년 이상은 탈 수가 없다. 왜냐하면, 번호판의 유효기간이 10년이기 때문이다. 만약 더 차를 타기 원한다면, 번호판 값을 또 내야 된다. 그 번호판 수명 역시 10년이다. 싱가포르에서는 차를 소유한 사람은 차종에 관계없이 부유층으로 간주된다. 싱가포르의 자동차 통제 정책은 일거양득의 효과를 거둔다고 본다. 첫째, 일정 숫자의 차량만 통행하게 함으로써, 도로의 소통이 원활해진다. 둘째, 세금을 많이 거두어들일 수 있으므로 국가재정을 풍부하게 해 준다. 이 자동차 통제 정책은 매우 합리적인 제도 같이 보이나, 사실 부자들에게 유리한 정책이다. 이 제도는 차량의 소통을 원활하게 해 주기 때문에, 분명히 사회의 공공이익을 증대시킨다. 그러나 조금 더 깊이 생각해 보면, 부자는 세금을 부담한 뒤에 차량이 적은 거리에서 마음껏 드라이브를 즐길 수 있다. 고소득층에게는 그 정도의 세금은 감당할 여력이 있다. 그들은 에어컨이 나오는 시원한 차로 원하는 목적지까지 신속하게 이동할 수 있다. 따라서 싱가포르의 차량통제 제도는 부유층의 삶의 질을 한 층 높여 주는 결과를 낳는다고 본다. 서민들은 더위를 견디며, 버스나 전철을 타기 위해 줄을 서서 기다려야 한다. 이 제도는 공익을 증대시키는 아주 합리적인 정책 같으나, 실은 매우 불공평한 제도이다.

　일반시민들은 택시를 이용하면 되지 않느냐는 반문이 생길 수 있다. 택시를 타고 훤히 뚫린 길을 질주하면, 그들의 삶의 질도 향상 될 수 있을 것이다. 싱가포르 택시 요금은 미국이나 한국보다 훨씬 저렴하다. 따라서 누구나 부담 없이 택시를 이용할 수 있을 것이다. 그래서 이러한 주장도 타당성이 있을 수 있다. 그러나 자기 차를 소유하기 힘든 싱가포르에서는 당연히 택시를 타려는 수요가 월등히 높다. 따라서 한국과 같이 택시

잡기가 쉽지 않다. 택시를 타기 위해서는 택시 정류장에서 오랜 시간 기다려야 한다. 길거리에서 택시를 잡는 것은 큰 행운이다. 싱가포르에서도 택시를 콜 할 수는 있다. 그런데 러시아워나 비가 올 때는 택시에 대한 수요가 급증하여, 택시를 타기 위해서는 굉장히 오래 기다려야 한다. 또한 택시가 없어 포기를 해야 되는 경우도 허다하다. 이런 점을 감안한다면, 이 제도는 서민들의 삶의 질은 결코 높여 주지 못하는 것이다. 싱가포르 정부는 러시아워에 시내로 진입하는 차량에 대하여 통행료를 징수 한다. 이는 시내 교통량을 줄여 주는 아주 효과적인 정책이라고 본다. 통행료 징수는 차량의 흐름을 방해하지 않게 하기 위하여 전자 시스템을 이용한다. 싱가포르의 모든 차는 통행료 결제용 카드를 부착해야 하는데, 도심에 진입할 때 이 전자 시스템에 의해 통행료가 징수된다. 한국의 교통카드와 비슷하다고 보면 된다. 택시의 경우, 통행료는 손님이 부담하게 되어 있다. 한국도 한 때, 이 제도의 도입을 고려하였다가 철회한 적이 있다고 한다.

싱가포르라는 도시 전체가 숲으로 덮여 정원 같이 꾸며 져 있다. 이는 싱가포르 초대 총리인 리콴유의 남다른 노력에 의하여 이룩되었다. 열대지방이라 소나기가 가끔씩 거세게 쏟아지는데, 비를 피할 수 있도록 버스 정류장에서 아파트까지의 길에 지붕을 씌워 놓았다. 이는 주변 국가들에서는 전혀 찾아 볼 수 없는 모습이다. 싱가포르라는 가든 시티는 인공적으로 형성된 것이다. 건물의 모습이나 배치도 도시 계획에 의하여

질서 정연하게 이루어졌다. 계획성 없이 우후죽순으로 건물이
들어서고, 도로가 형성된 서울과는 큰 대조를 이루고 있다. 리
관유는 1950년대부터 척박한 싱가포르를 지금의 정원의 도시
로 만들려고 마음을 먹었다. 사실 총리가 된 후 그는 이 꿈을
실현하기 위하여 어떤 위원회도 구성하지 않았고 내각에 어떤
지시를 내리지도 않았다. 그 때는 먹고 살기가 급급한 때였기
때문에 국가 인테리어에 힘을 쏟을 수 없었다고 한다. 하지만,
그는 시간이 나면 조경, 수목, 토양 등에 관한 책을 구해 읽었
고 외국 출장을 갈 때 마다 가로수와 공원을 찾아가 설명을
들었다고 한다. 그의 국가 인테리어는 수십 년간의 노력 끝에
결실을 보고 있는 것이다. 다음 장에서 언급 하겠지만, 리관유
의 장기 집권으로 싱가포르 정부는 정책의 일관성을 유지 할
수 있었다.

그 결과, 싱가포르는 도시 전체를 정원으로 만드는 국가 인
테리어를 장기간에 걸쳐 성공리에 완성할 수 있었던 것이다.
싱가포르의 겉모습은 앞으로 싱가포르를 이해하는데 중요한 의
미를 갖는다. 싱가포르의 국가 인테리어는 정치, 경제, 사회의
모습과 일맥상통한다. 싱가포르 정부는 싱가포르의 모든 면이
외부에 좋은 이미지를 심어 줄 수 있는데 역점을 두고 있다.

2. 깨끗하고 안정된 정치체제: 세계적인 지도자 리콴유

싱가포르는 정치적으로 가장 안정되고, 정책의 일관성이 있는 나라 중이 하나이다. 싱가포르의 국부라고 할 수 있는 리콴유는 오늘의 싱가포르를 만든 주역이다. 그는 독립운동의 영웅이자 건국의 아버지이다. 그의 정치적 역량과 지도력은 국제적으로도 크게 인정받고 있다. 그는 일찍이 세계적인 지도자 반열에 서게 되었으며, 그의 명성이 싱가포르를 능가할 정도이다. '싱가포르는 몰라도 리콴유는 안다'는 말이 있다. 리콴유는 싱가포르가 식민지에서 독립한 1959년부터 총리로서 싱가포르를 이끌었다. 1990년까지 총리 직에 있었고, 그 후 정부의 후견인 격인 선임장관(Senior Minister)을 역임하였다. 리콴유는 식민지에서 갓 독립한 제 3세계의 섬나라를 선진국으로 부상시켰다. 그는 그의 저서 「제 3세계에서 선진국으로(From Third World to First)」에서, 싱가포르는 명실상부한 선진국이 되었다고 자부하였다. 리콴유와 싱가포르의 정치체제를 알기에 앞서, 식민지에서 독립하기 이전의 싱가포르는 과연 어떤 지역이었는지를 살펴보고자 한다.

　말레이시아 반도 남단에 위치한 싱가포르 섬은 '싱가푸라(사자의 도시)'라고 불리었다. 지금도 싱가포르의 상징은 사자인데, 머리는 사자이고 몸은 물고기 모양을 한 머라이언 상을 싱가포르에서는 쉽게 찾아 볼 수 있다. 말레이시아 역사책에 따르면, 12세기 수마트라 왕족 한 사람이 싱가푸라를 건설하였고, 해협을 지나는 선박을 약탈하여 상업적 번성을 이루었다고 한다. 14세기 말 자바 섬 마자피히트 왕국의 지배를 받은 이후, 16세기에는 포루투칼, 17세기에는 네덜란드의 지배를 받았다. 1819년 영국의 동인도 회사의 행정관인 스탬포드 래플스(T. Stamford Raffles) 경이 조호르(Johor) 군주와의 조약에 따라 싱가포르 항 식민지를 세웠는데 이 식민지는 영국의 동남아시아 식민 활동의 중심지가 되었다.

　이 당시 섬의 인구는 고작 200 명에 지나지 않았다. 1824년 정식으로 영국령이 되었다. 이 시기부터 중국인의 이민이 시작되었고, 화교가 이 지역에 다수민족으로 뿌리 내리게 되었다. 현재 싱가포르에서 화교가 차지하는 비중은77%이다.12) 말레이시아에서도 페낭(Penang)이 싱가포르와 같이 화교가 주류를 이룬다. 싱가포르는 자유 무역항이었기 때문에 이 곳은 동남아에서 으뜸 되는 국제도시로 성장하게 되었다. 그 결과, 1833년에는 인구가 2만 명에 달했다. 1867년 영국의 직할 식민지가 되었다. 또한 싱가포르는 군사적으로도 전략적 요충지가 되었다.

---

12) 싱가포르는 다민족 국가로서, 화교가 76.4%로 주류를 이루고 있고 말레이계가 14.9%, 인도계가 6.45%를 점하고 있다.

2차 대전 중 이 지역에서 영국군이 일본군에게 패하였고, 그 결과 1942년에 싱가포르는 일본의 점령지가 되었다. 일본이 연합군에 항복하자, 싱가포르는 1945년에 다시 영국의 식민지로 회귀하였다. 1959년 싱가포르는 자치권을 얻었으며, 선거에서 인민행동당(PAP: People Action Party)의 리콴유가 자치주 초대총리로 선출되었다. 1963년에는 말레이시아 연방으로 편입되었다. 그러나 화교가 다수이고, 그들이 말레이시아 연방의 지배를 거부하게 되어 1965년 말레이시아 연방을 탈퇴하여 독립국이 되었다. 1971년에는 주둔하고 있던 영국군이 모두 철수하였다.

싱가포르의 정치체제는 내각책임제로서, 정치적 실권은 총리가 장악하고 있다. 국가원수는 대통령인데, 상징적으로 국가를 대표하는 기능을 수행할 뿐이다. 대통령의 임기는 6년이다. 대통령은 간접선거로 선출되었으나, 1991년 개헌으로 직선제로 바뀌었고, 예산, 치안, 정부기관 장 임명에 거부권을 행사할 수 있는 등 권한이 강화되었다. 또한 정부 내 부정에 대한 수사나 국내 치안에 관여 할 수 있다. 국내의 종교적 융화를 위해서도 대통령이 개입할 수 있다. 그러나 실제적으로는 대통령의 정치적 영향력은 거의 없다. 싱가포르는 이원 집정부도 아닌, 순수 내각제이다. 또한 대통령의 권한이 사용된 전례도 찾아보기 힘들다. 대통령의 권한은 어디까지나 헌법상에 규정된 권한일 뿐, 정치활동에서는 대통령은 배제되고 있다. 현 대통령은 인도계인 80세의 나단(Nathan) 인데, 1999년 선거에서 후보자들이 출마자격 심사에서 실격하여 무투표로 당선되었다. 의회는 단원제이며, 여당인 인민행동당(PAP) 절대다수를 차지하고 있다. 헌법상의 총리는 행정수반이며, 정치적 실권자이다. 국가안보, 외교, 치안, 경제발전 등을 총괄한다.

싱가포르의 외교노선은 철두철미하게 친미성향을 띠고 있다. 회교국인 말레이시아의 반미노선과 극명한 대조를 이룬다. 중국에 대해서는 등거리 외교정책을 펴고 있다. 한편으로는 중국과 또 다른 한편으로는 대만과 협력하고 있다. 싱가포르의 외교노선은 명분보다는 실리에 바탕을 두고 있다. 싱가포르는 동남아시아에서는 유일하게 미군에게 기지를 내어 주고 있다. 그 이유는 작은 국가로서 국제무대에서 생존하기 위해서는 초강대국인 미국의 도움이 절실하기 때문이다. 미국은 싱가포르의 최대 교역국인 동시에 강력한 군사 후원자로 든든한 버팀목이다. 싱가포르 국제공항에서 서쪽으로 10Km 떨어진 곳에 미 공군기지가 위치하고 있으며, 북동부 지역에는 미 7함대의 기지가 있다. 싱가포르는 태국 필리핀 등과 함께 미국과 공동 군사 훈련에 참여 하기도 한다. 현재 이라크에도 다국적 평화활동 명목으로 200 명의 군대를 파견하고 있다. 뿐만 아니라, 동남아시아에서 미국의 이익을 옹호하는데 역할을 자처하고 있는 중이다. 싱가포르는 말레이시아와 인도네시아에 대하여 미국과 손잡고 말라카 해협의 테러에 대처하자고 요구하고 나섰다. 그러나 회교권의 이들 나라는 싱가포르의 제안을 묵살하고 있는 실정이다.

싱가포르는 친미정책을 통하여 많은 혜택을 누리고 있다. 미국이 싱가포르의 최대 수출국이 되고 있고, 미국으로부터 군사적 지원을 받고 있다. 미국은 애리조나, 텍사스, 뉴멕시코 등 5주에서 싱가포르 군에게 군사훈련을 시켜주고 있다. 싱가포르의 중국과 대만과의 등거리 외교 역시 철두철미한 실리에 기반을 두고 있다. 1976년 대만과 함께 공동으로 군사훈련을 해오고 있다. 이는 대규모의 군사훈련으로서, 수만 명 규모의 싱가포르 군인이 대만에서 훈련에 참여한다. 대만과 싱가포르의 군사협력은 오래 전부터 시작되었다. 싱가포르가 건국 후에, 공군을 창설하고 전투기 조종사를 양성해야 했다. 이들의 훈련을 맡아 줄 국가를 찾았는데, 대만에서 싱가포르 공군 조종사들을 훈련시켜 주기로 했던 것이다. 싱가포르에게 중국도 경제적인 측면에서 중요하지만, 안보상의 이유로 대만과의 유대 관계를 공고히 하고 있다. 중국과는 1990년부터 정식으로 국교관계를 수립하였다. 중국은 물론 싱가포르의 등거리 외교는 ‘하나의 중국’ 원칙을 위반하였다고 강력히 반발하고 있다. 그러나 싱가포르는 대만으로부터 실리를 챙기기 위하여 중국과 대만사이에서 미묘한 균형 게임을 벌이고 있다. 대(對)한국 정책도 중국과의 관계와 마찬 가지로, 한국과 북한에 대하여 모두 외교관계를 맺고 있다.

싱가포르는 모든 국가와의 통상외교를 중시한다. 아시아 태평양 지역에서의 생존을 위해 미국과 중국, 그리고 일본 3개국과의 외교적 균형을 유지하는데 힘쓰고 있다. 특히, 미중관계에서는 교묘하게 중립을 취하고 있는 중이다. 역내 경제협력 기구인 동남아 국가연합(ASEAN)과의 관계를 중시하며, 각 회원국들과 긴밀한 외교관계를 유지하고 있다.

싱가포르 같은 도시국가는 군대가 없거나, 있다 하더라도 치안정도를 담당 할 정도의 미미한 수준이라고 생각할 것이다. 한국 사람들은 싱가포르 하면, 신혼 여행지나 효도 관광 코스로 연상이 되기 때문에, 더욱이 싱가포르에 군대가 있다는 사실이 믿어지지 않을 것이다. 조그만 이스라엘이 강력한 군대를 보유하고, 주변의 거대한 아랍 권에 대항하고 있는 것 같이, 싱가포르도 국가 규모에 비해서는 강력한 군을 보유하고 있다. 싱가포르의 경우, GDP 대비, 국방비 비율이 6%나 된다. 한국은 2.8%, 중국이 5.3%인 것을 감안하면 싱가포르의 국방비 비중이 매우 높다고 보겠다. 싱가포르는 주변에 상대적으로 국가 규모가 큰 인도네시아나 말레이시아로 둘려 싸여 있기 때문에 안보에 대한 불안감이 매우 크다고 한다. 우리 생각으로는 이작은 나라를 침범할 국가가 없을 듯싶다.

전쟁은 언제나 힘의 균형이 깨어 질 때, 발생한다고 한다. 싱가포르는 외교와 국방력을 통해 자신들의 안위에 최선을 다하고 있다. 분쟁 위험도 적은 지역에서 싱가포르는 유비무환의 정신으로 철두철미한 국가 안보태세를 갖추고 있다. 좁은 땅에서도 연중무휴로 전투기가 수시로 이착륙을 하며, 연습을 하고 있다. 싱가포르 동쪽에 공군 비행장이 있는데 이 곳은 전투기의 굉음이 상시 그치지 않는다. 도시 외곽에서는 수시로 훈련

중인 전투기들을 목격할 수 있다. 싱가포르 서쪽 주롱지대에 위치한 난양이공대학에서는 쉽게 총격소리를 듣곤 한다. 근처에 사격장이 있어서 대학 캠퍼스에 콩 볶는 듯한 사격 소리가 울려 퍼지곤 한다. 밤에 캠퍼스를 산책하자면, 은은히 총소리가 들려온다. 이 지역에서는 또한 야간 사격훈련을 수시로 실시하기 때문에 야간에 총소리가 들리는 것은 전혀 놀랄 일이 아니다. 전쟁의 위험이 극히 적은 관광지에서 이같은 철통같은 경계태세에 임하는지 의구심이 들 정도이다. 전쟁의 위험이 높은 지역 중의 하나인 한국의 안이한 안보태세와는 너무 큰 대조를 이루고 있다. 싱가포르의 유비무환의 철저한 안보태세는 우리나라에게 시사하는 바가 적지 않다고 본다.

싱가포르는 병역정책이 투명하고, 아주 엄격하다. 1971년 영국군이 싱가포르에서 완전히 철수한 이후, 곧바로 징병제가 도입되었다. 병역의 기피는 상상조차 할 수 없다고 한다. 남자들의 경우, 병역을 필해야만 대학에 들어 갈 수 있다. 그래서 대학에서 남학생들은 여학생들보다 나이가 많다. 싱가포르에서는 우리나라와 같이 병역면제가 존재하지 않는다. 그래서 병역비리라는 것은 원천적으로 있을 수 없는 것이다. 신체가 결함이 있으면, 감당할 수 있는 보직을 맡게 한다. 전역 후에는 강도 높은 예비군 훈련이 있는데, 한국과는 달리 예비군 훈련이 철두철미하게 이루어진다. 한국으로 말하면, 소위 동원 훈련이 1년에 한 번씩 있는데, 현역훈련 수준으로 하는 것으로 알려져 있다. 모든 남자는 40대 중반까지 동원훈련을 받아야 된다. 이는 유사시 이들이 전쟁에 투입됨을 의미한다. 싱가포르는 현역 군인의 숫자가 적기 때문에 상대적으로 예비군이 중요하다고 본다. 군대의 경력은 사회에서 크게 인정받으며, 특히 장군이나 장교출신은 존경을 받는다. 최근에 총리에 취임한 리콴유의 장남 리센룽은 공군 준장 출신이다. 그의 동생 리센양은 싱가포르의 최대 국영기업인 싱가포르 텔레콤(SingTel)의 CEO인데 그 역시 준장 출신이다. 신문 등 미디어에서 리센룽을 언급할 때, BG Lee, 즉 리장군(BG: Brigade General Lee)이라고 표현하기도 한다. 군에서 장군을 지낸 것은 싱가포르에서 큰 영예인 것이다. 이는 싱가포르에서 군의 위상이 아주 높다는 것을 알 수 있는 의미한다.

싱가포르의 총병력은 7만 명(육군 5만 5천, 해군 9000, 공군 6000)에 달한다. 육군은 보병과 포대와 기갑부대를 갖추고 있다. 주변 국가들에 비하여, 병력이 열세에 있으므로 전면전이 발생할 경우, 말레이시아나 인도네시아에 쉽게 점령될 수 있다. 따라서 보복공격을 통해 전쟁을 방지하는 전략을 쓰고 있다. 핵전쟁이 보복 때문에 억제되는 것과 같은 경우이다. 핵 공격으로 기습을 당했을 때, 피해를 당하는 것은 회피할 수 없다. 그러나 바다에 있는 잠수함 등에서 무자비하게 적국을 공격한다. 따라서 핵 선제공격 국가는 더 큰 피해를 입을 수 있다. 이러한 보복 가능성 때문에 그동안 강대국 간의 핵전쟁이 억제된 것이다. 싱가포르는 공격을 당했을 경우, 공군과 해군을 동원하여 침략국을 초토화 시키는 전략을 세워 놓고 있다.

따라서 싱가포르는 공군을 중시하고 있다. 신임 총리인 리센룽도 공군준장 출신이다. 싱가포르는 호주 북부에 공군기지를 두고 있다. 싱가포르가 기습으로 순식간에 적에게 점령 될 때를 대비하여 싱가포르 정부는 가까운 호주 북부에 전투기 비행장을 두고 있다. 싱가포르가 적의 수중에 넘어 가더라도, 호주에 있는 공군기지에서 출격한 전투기들이 적국에게 강력한 보복을 감행하는 것이다. 이런 이유로 인접한 말레이시아가 쉽게 싱가포르를 공격할 수 없는 것이다.

최근 싱가포르는 군비확장에 박차를 가하고 있다. 공군과 해군력을 증강시키는 계획을 세웠다. 싱가포르는 최신형 전투기와 군함을 도입하여, 10년 내에 군사강국으로 부상하다는 야심을 갖고 있다. 2004년부터 정보기술 접목과 지식기반 시스템을 골자로 하는 제3세대 국방전력 시스템을 구축하고 있는 중이다. 싱가포르가 비록 작은 나라이지만, 주변 국가들이 결코 만만하게 보지는 못한다. 이스라엘과 흡사한 면이 많이 있다. 싱가포르는 또한 자국의 안보를 위하여 미국과 돈독한 외교관계를 맺고 있다. 싱가포르는 군사력과 외교관계로 자신들의 작은 영토와 국권을 슬기롭게 지키고 있다. 싱가포르가 작은 도시국가이면서 이 같이 안보에 주력하는 이유 중의 하나는 다국적 기업들의 탈출을 염려하기 때문이다. 싱가포르는 총 대외 교역량이 GDP의 3배가 넘을 정도로 대외 의존도가 유난히 높다. 안보불안은 곧바로 싱가포르의 정치적 불안정으로 이어져, 다국적기업들의 탈출을 부추긴다. 결과, 싱가포르는 경제 불안

등으로 국가존립 자체가 어렵게 될 수 도 있는 것이다.

싱가포르의 안정된 정치체제는 싱가포르의 존립을 위하여 필수 불가결한 조건이었다. 싱가포르의 정치적 안정성은 동남 아시아에서 싱가포르가 군계일학으로 부상하는데 있어서 가장 중요한 요인이었다. 주변 국가들이 정치적으로 안정되지 못하였기 때문에 싱가포르의 정치적 안정성이 더욱 돋보였다고 생각한다. 정치적 안정성이 경제번영의 밑거름인 것은 두 말할 나위 없는 것이다. 싱가포르가 정치적으로 안정될 수 있었던 것은 리콴유의 탁월한 역량으로 가능하였다. 중국의 등소평에게까지 극찬을 받은 정치 10단의 리콴유는 과연 어떤 인물인가? 만약 리콴유가 싱가포르가 아닌 중국에서 태어났다면, 아마 등소평을 능가하는 세계적인 지도자가 되었을 것이라는 주장도 있다. 리콴유는 1923년 9월 싱가포르에서 출생하였다. 그의 가문은 19세기 중국 남부에서 이주해 왔는데, 매우 부유한 가정이었다.13)

2차 세계대전 중 일본의 군보도부(軍報道部)에 근무한 뒤 1949년 영국 케임브리지대학교 법학과를 졸업하였다. 1950년

---

13) 리콴유는 그의 자서전 격인 「제 3세계에서 선진국으로(From Third World to First)」에서 자신의 가문은 먼 옛날 원래 중국 북부에 살았는데 남부로 내려오게 되었다고 말한다. 중국인들도 지역에 대하여는 상당히 민감한데, 북부지역이 남부에 비하여서는 우월한 지역이라는 편견이 있는 듯하다. 대부분의 싱가포르인들은 중국남부에서 이주해 왔다. 그런데 이 중에 일부는 자신들의 뿌리가 중국북부에 있다고 주장하여, 다른 싱가포르 화교들과는 다르다는 점을 강조한다. 리콴유의 이 같은 주장은 자신이 뼈대 있는 가문출신이라는 자부심을 표방한 것으로 보인다.

영국에서 변호사 자격증을 획득하였다. 이듬해 싱가포르에 귀
국하여 변호사 사무실을 열고 개업을 하였다. 그는 노동조합의
법률고문을 하면서 정치적 기반을 닦아 나갔다. 리콴유는 사회
주의적 성향을 지녔으며, 1954년 사회주의 정당인 인민행동당
을 결성하였고, 서기장에 취임하였다. 그는 케임브리지대학교
에서 공부할 때, 사회주의 사상에 심취하기 시작했고, 귀국 후
정치활동을 위해 사회주의자들과 연합하였다. 리콴유는 사회주
의자로 정치활동을 시작했으나, 곧 사회주의 사상에 염증을 느
꼈다. 왜냐하면, 사회주의는 이상적이고, 싱가포르의 당면한 생
존의 문제를 해결하는 데는 무용지물이었기 때문이다.

　리콴유는 사회주의는 매우 값비싼 제도일 뿐 아니라 인간을
무기력하게 만든다고 비판하였다. 그는 사회주의가 비현실적인
경제제도임을 깨닫고는, 사회주의자들과 결별을 하였다고 한다.
리콴유는 1955년 실시된 총선에서 입법평의회 의원에 당선되
었다. 그는 영국에 대하여 싱가포르의 독립을 요구하였다.
1959년 싱가포르는 영국으로부터 독립하여 영국 자치령이 되
었고, 리콴유는 초대 자치정부 총리가 되었다. 1963년 말레이
시아 연방이 발족되었는데, 싱가포르는 말레이시아 연방으로
들어갔다.

　이 후, 그는 말레이시아 연방의 싱가포르 주 총리에 올랐다.
그러나 말레이시아인 위주의 정책을 펴는 말레이시아 연방정부
와 싱가포르의 화교들과의 마찰이 일기 시작했다. 인종간의 갈
등이 심해지자, 싱가포르는 말레이시아 연방에서 탈퇴하여,

1965년에 독립을 선언하였다.[14] 리콴유는 독립국가인 싱가포르의 초대 총리에 취임하였다. 1990년 11월 퇴임할 때까지 무려 26년간 총리직을 수행하였다. 퇴임 후, 2004년 8월까지 선임장관(senior minister)으로서 내각의 자문역을 담당해 왔다. 2004년 8월, 총리직에서 퇴임하는 고척동에게 선임장관직을 물려주고, 내각고문(minister mentor)으로 물러 앉았다. 리콴유는 강력한 리더십을 바탕으로 제 3세계에 속하였던 싱가포르의 근대화를 주도하였다. 그는 수십 년 만에 싱가포르를 아시아에서는 일본 다음으로 부유한 나라로 만들었다. 그의 퇴임 시에 싱가포르는 이미 세계은행(World Bank)에 고소득 국가(high income countries)로 분류되었다.

리콴유는 대중적 인기에 영합하지 않고 소신껏 정책을 집행하였다. 냉철한 현실감각과 능수능란한 정치 기술로 정국을 안정되게 이끌었다. 리콴유는 독립과 국가창업, 그리고 국가건설까지를 모두 주도 했던 초인이다. 현대 정치사에서 리콴유 같이 성공을 거둔 정치 지도자는 거의 없을 것이다. 싱가포르의 현대사는 인간 리콴유의 인생사라고 할 수도 있다.

리콴유가 건국시기부터 가장 신경을 쓴 것이 부정부패 문제였다. 싱가포르는 독립이전에 부정부패의 온상이었다고 한다.

---

14) 리콴유는 조그만 싱가포르를 생존을 위해서 말레이시아 연방에 편입시켰다. 그는 1963년 당시 손바닥만한 도시국가인 싱가포르가 독자적으로 생존하기는 어렵다고 판단하고, 말레이시아로의 편입을 결정했다. 인종 갈등문제로 싱가포르가 말레이시아에서 탈퇴한 것은 전화위복이 된 듯하다. 싱가포르가 계속 말레이시아에 속하여 있었으면, 적도의 기적은 이루지 못하였으리라고 생각한다.

식민지 시절 싱가포르는 사회적 질서가 없고, 윤리적으로도 타락한 곳이었다. 화교들은 도박과 마약에 물들어 있었고, 사회 기강이 무너진 상태였다.15) 리콴유는 국가가 발전하려면 먼저 정부가 깨끗해야 된다고 믿고, 부정부패 없는 정부를 만드는데 전력을 질주 하였다. 부정부패 없는 투명한 정부를 만드는 동시에, 사회기강을 엄격히 세워 사회질서를 확립해 나갔다. 리콴유는 깨끗한 정부와 질서 있는 사회를 바탕으로 국가발전을 도모하였다. 고층건물을 세우기 위해서는 기초공사를 튼튼히 해야 된다. 리콴유는 깨끗한 정부와 안정된 사회의 기초공사를 성공리에 마무리 짓고, 초고속으로 고도성장이라는 초고층 빌딩을 올린 것이다. 리콴유는 정부의 부정을 원천적으로 막기 위해 특단의 정책을 썼다. 1959년 인민행동당이 집권할 때부터 장관은 부자들로만 구성하였다. 리콴유는 부자들은 관직에 등용되어도 관직을 이용하여 축재할 가능성이 적기 때문에 상대적으로 부패에 연루되지 않으리라고 본 것이다. 그는 정부의

---

15) 리콴유가 국가를 발전시키려고 했을 때, 마약과 도박 등으로 무너진 사회기강은 발전을 크게 저해하는 암적 존재였다. 리콴유는 이를 척결하고자 고강도의 처방을 내렸다. 그는 마약을 싱가포르 내에서 추방했고, 일정량 이상의 마약소지를 한 사람은 무조건 사형에 처하게 하였다. 지금도 말레이시아에서 싱가포르로 입국하려면 싱가포르 이민국의 엄격한 심사를 거쳐야 된다. 차로 입국하는 경우에는 마약소지여부를 파악하기 위하여 차를 샅샅이 검색하기도 한다. 또한 싱가포르 공항에는 빨간 글씨로 마약을 소지할 경우, 사형에 처해 진다는 경고문이 붙어 있다. 이를 보는 외국인들은 처음에는 섬뜩해 진다. 싱가포르에서는 아직도 마약을 소지하고 입국하는 외국인을 사형에 처하고 있다. 마약척결에 대하여 싱가포르는 단호하다. 사회기강을 위해서 고강도 처방을 내리는 싱가포르의 사형 집행률은 세계 최고이다.

고위직은 관직을 그만 두어도 생계를 꾸려 나갈 수 있는 부유한 사람들로 채웠다. 리콴유는 관료들의 부정을 당근과 채찍을 모두 사용하여 근절시켜 나갔다. 공무원의 월급을 파격적으로 올려 주었다. 일반적으로 공공부문의 급료는 민간부문에 비하여 낮다. 아마 싱가포르만이 예외라고 본다. 싱가포르는 공무원이 최고의 대우를 받는다. 싱가포르의 고위 공무원들은 국가 최고의 엘리트들이다. 싱가포르에서는 공무원이 최고의 직장이다. 가장 우수한 학생은 고위 공무원이 되고, 그 다음에 우수한 졸업생들이 싱가포르 내에 굴지의 다국적기업들에 취업하게 된다.

따라서 싱가포르 사회에서는 공직에 취임하는 것이 최고로 성공을 하는 것으로 본다. 싱가포르는 한국과 같이 고시가 존재하지 않는다. 국가에서 우수한 엘리트들을 일찍이 파악해 놓고, 대학을 우수한 성적으로 졸업을 하면 관리로 발탁한다. 싱가포르 정부는 똑똑하고 장래가 촉망되는 고등학생들을 뽑아 대학 및 대학원 교육에 필요한 장학금을 지급한다. 이 장학금의 종류가 인생을 결정지을 만큼 중요하다. 대통령 장학금에서 총리도서 장학금, 정부 각 처의 장학금 등 서열이 매겨져 있다. 총리로부터 고위공무원은 예외 없이 이러한 장학생 출신이다. 이 장학생들은 미국, 유럽, 호주, 일본 등지로 유학을 떠나고 대체로 석사학위를 마치고 귀국한다. 이들은 선진국의 문물을 경험하여 견문을 넓히고, 공직을 맡게 되는 것이다. 박사학위를 받는 경우에는, 대학교수로 가기도 하지만 장래가 촉망되는 공직에 취임하기도 한다. 싱가포르에서는, 한국과는 달리, 학교보다 공직이 더 선망의 대상이 된다. 엘리트 관리들은 초고속 승진을 한다. 이들은 30대에 국장, 40대에 장차관을 역임하기도 한다. 싱가포르의 고위직 공무원들은 국민들이 존경을 받으며, 투철한 사명감을 갖고 있다. 이들은 당연히 싱가포르에 진출해 있는 다국적기업들의 스카우트 대상이지만, 30-40% 정도 높은 연봉을 포기하고 공직에 남는다. 엘리트 관리들은 정부의 여러 부처를 옮겨 다니며 다양한 경험을 쌓는다. 이는 후에 이들이 높은 직책을 맡았을 때, 그 동안 축적한 다양한 경험이 유용하게 쓰인다. 폭 넓은 경험은 자신이 관리하는 여러 부서의 업무를 파악하는데 있어서 큰 도움이 되며, 부처간의 의사소통이나 협력을 용이하게 해 줄 수 있다. 이러한 연유에서, 싱가포르에서는 다국적기업을 위한 원스톱 서비스(One Stop Service)가 잘 발달 되어 있다. 싱가포르 최고 엘리트로 구성된 싱가포르 관료집단의 경쟁력은 단연 세계 1위이다. 세계경제포럼(WEF)의 2003년 발표에 의하면, 싱가포르는 국가경쟁력 4위를 차지하였고, 공무원 부문은 세계 1위였다.

싱가포르 장관과 대법관들의 연봉이 싱가포르 달러로 100만 달러, 한국 돈으로는 7억이 된다. 총리의 연봉은 무려 700만 싱가포르 달러로 한국 돈으로 50억 정도나 된다. 이는 세계 지도자의 연봉순위의 2위에 해당되는데, 1위인 홍콩의 행정장관인 둥젠화의 뒤를 바싹 쫓고 있다. 한국의 삼성전자 중역들의 연봉과 비슷한 수준이다. 총 6만 명의 싱가포르 공무원들의 연봉은 고소득 5%이내에 든다고 한다. 공무원의 연봉이 지나치게 높게 책정된 것은 부정할 이유를 원천적으로 봉쇄하기 위해서다. 공무원들이 월급이 적어 생계를 꾸려 나가기 힘들 경우, 부정의 유혹을 뿌리치기가 매우 어렵다. 공무원의 급료가 지나치게 낮아서 많은 공직자들이 부패에 쉽게 연루된 한국의 경우와는 정반대이다. 싱가포르는 공무원만 되면, 월급만 갖고도 충분히 부자가 될 수 있다. 그렇다고 싱가포르의 공무원이 영원한 철밥통은 아니다. 연봉은 능력과 경제성장률에 의하여 결정된다. 실적이 저조하고, 당시 싱가포르의 경제성장률이 낮으면 연봉은 낮아지게 마련이다. 한국과는 달리, 싱가포르에는 공무원에게도 인센티브 시스템이 도입되었다. 리콴유는 관료들에게 당근을 제공함과 동시에 부정이 발생할 당시 가혹한 채찍을 내리쳤다. 싱가포르는 공무원 부패에 대해 단호히 대처하기 위하여 부패방지위원회를 설치하였다. 이 기구를 통하여 싱가포르 관료들의 청렴성을 감시하고 관리하고 있다. 부정재산 압수법 등에 의하여 부패한 관리들은 중벌을 받게 된다.

만일 관료가 부정이 연루 되었다고 판명이 나면, 싱가포르 내에서는 살기가 어렵게 된다. 사실상, 생매장되는 것이고 재기가 불가능하다. 한국은 부패한 관료에 대한 처벌이 솜방망이 처방에 지나지 않고, 추후에 재기하여 명예회복도 하는 것이 상례로 되어 있다. 싱가포르의 부패에 대한 엄한 심판은 관료 부패를 제로로 만들었다. 아시아에서는 싱가포르처럼 관료의 부정이 없는 나라가 없다. 싱가포르에서 관리들에게 뇌물을 주는 것은 사실상 불가능하다. 뇌물수수에 관한 처벌이 실효를 거둘 수 있었던 것은 처벌이 가혹한 것과 일관성을 들 수 있겠다. 한국의 경우, 뇌물수수로 관료가 기소가 되어도 처벌은 사람에 따라 천차만별이다. 정치적으로 매장을 당할 사람은 징역을 살기도 하고, 정치적 실세와 가까운 사람들은 무죄로 석방되기도 한다.

따라서 한국에서는 고위 공직자들이 부정으로 기소되어도 그들이 상응한 처벌을 받으리라고 생각하는 국민들은 하나도 없다. 특히, 권력자의 측근들은 뇌물수수에 대하여 면죄부를 받아 왔다. 싱가포르는 부정에 대한 처벌에 관하여는 예외가 존재하지 않는다. 리콴유의 측근이나 정치적 동지들도 뇌물수수에 연루 되었을 때, 예외 없이 단죄 되었다. 리콴유의 이러한 부정부패에 대한 단호한 태도는 싱가포르의 기강을 잡는데 결정적인 역할을 했다고 본다. 리콴유가 총리 직에 있었을 때의 일이다. 고위 관리인 그의 친구가 기업체로부터 100만 달러 상당의 뇌물을 받은 혐의로 징계대상이 되었다. 이 친구는 리콴유에게 선처를 부탁했으나, 단호하게 거절당했다. 결국 리콴유의 친구는 자살로 생을 마감하였다. 리콴유는 그의 친구가 싱가포르에 벌어다 준돈은 받은 뇌물의 수백 배에 달했지만, 부패척결을 위해서는 그를 처벌하지 않을 수 없었다고 했다. 최고 권력자의 최측근도 예외 없이 단죄되는 사회에서는 관리들이 섣불리 부정을 저지를 수 없다. 그래서 싱가포르 공직자들은 이러한 공포 속에서 감히 뇌물을 받을 생각은 엄두 조차

내지 못하고 있는 것이다.16)

권력자가 자신의 수족인 측근들까지 잘라 버리며, 부정을 없애려 하는 것은 지극히 어려운 일이라고 본다. 왜냐하면, 그들은 최고 통치자의 권력기반이기 때문이다. 자신의 손과 발을 쳐 가면서까지 부정을 없애려는 리콴유의 부정척결 의지는 높이 사지 않을 수 없다. 다른 한편으로는 그는 자신의 정치적 측근을 잘라 버려도 권력유지에 자신이 있었던 것으로 추정된다. 박정희는 부정을 척결하지 못한데서 많은 비판을 받고 있다. 후랜시스 후쿠야마는 그의 저서 「신뢰(Trust)」에서 박정희는 자신의 정치적 기반인 측근들의 부정에 대해 관대하였다고 비판을 가하였다. 박정희의 이런 이중적 잣대는 부정부패에 대한 단죄의 일관성을 손상시켰다.

그 결과, 박정희 집권 시 권력층의 부정부패는 만연하였다. 박정희의 부패에 대한 척결의지는 리콴유에 비하여 매우 미약했다. 정부의 부정에 대한 단죄에 대한 국민적 신뢰를 얻을 수 없었다. 결과, 한국 공직사회는 부정부패가 만연되어, 돌이킬 수 없는 상태에 이르고 말았다. 싱가포르는 공직자들에게 당근과 채찍 이외에 철저한 감시로 부정을 원천적으로 봉쇄하고

---

16) 필자가 싱가포르에 살았을 때, 싱가포르 부정에 관하여 접한 이야기가 있다. 싱가포르 관리들은 뇌물은 절대 받지 않지만, 아주 큰 뇌물을 받는다는 일종의 조크이다. 아주 큰 액수의 뇌물을 받으면, 호주나 뉴질랜드로 도피하여 다시는 싱가포르에 돌아오지 않고, 그 곳에서 편안히 여생을 즐긴다는 것이다. 그들이 요구하는 뇌물의 액수는 기업이 부담하기에는 턱없이 큰 것이다. 이 스토리는 싱가포르에서는 뇌물증여가 사실상 불가능하다는 것을 단적으로 알려 주고 있다.

있다. 필자가 2000년 1월에 주한 싱가포르 대사와 만났을 때, 싱가포르 정부의 부패에 대한 정책에 관하여 논의를 한 적이 있다. 그에 따르면, 싱가포르 정부는 수시로 공직자들의 재산 상태를 점검한다는 것이다. 공무원들의 재산이 턱없이 불어나 거나, 이들이 고급 승용차를 구입하는 등 과도한 소비를 할 경우, 수사기관이 지체 없이 조사에 착수한다는 것이다. 싱가포르 공직자들이 받은 뇌물을 교묘히 해외로 빼돌려 은닉하기 전에는 수사기관의 눈을 피하기는 매우 어렵다. 한국의 경우, 공직자들의 재산등록은 받지만, 이는 형식에 지나지 않고 있다. 재산이 어떻게 형성되고 증식되었는지는 묻지 않는다. 한국의 공직자 재산등록제도는 관료들의 부패를 막는 데는 무용지물이다. 싱가포르의 뇌물수수에 대한 집요한 수사체제는 공직자들이 감히 부정을 저지를 마음조차 먹지 못하게 한다. 싱가포르는 국제 투명성 기구에서 발표한 국가 부패지수에서도 5위(2003년)를 차지하였다. 반면, 한국은 50위로 하위에 머물렀는데 대만(30위)과 말레이시아(37위)보다도 뒤지고 있다.

리콴유는 국가 통합에 뛰어난 정치력을 보여 주었다. 앞서도 언급하였지만, 싱가포르는 다민족 국가이다. 민족간의 융화와 통합은 싱가포르의 생존을 위해서는 필수적이다. 물론 화교가 77%로 다수를 차지하고 있으나, 소수민족을 끌어안지 않고는 국가가 안정될 수 없다. 그는 소수민족인 말레이족과 인도계를 소외 시키지 않고 융화시키는데 성공하여 사회적 안정을 이루는 데 성공하였다.

건국 초기에 싱가포르에 민족간의 갈등과 소요가 없었던 것은 아니다. 중국인들은 다수였기 때문에 중국인 중심의 나라가 되어야 한다는 주장을 강력히 펴기도 하였다. 그러나 리콴유는 이를 과감히 뿌리치고 중립에 서서 여러 민족이 공존할 수 있는 국가 시스템을 만들어 나갔다. 그가 중국인이고, 더군다나 화교가 다수를 차지하고 있는 상황에서 얼마든지 화교를 중심으로 하는 국가를 만들 수 있었다고 본다. 그는 통이 큰 정치인이었기 때문에 사소한 데 집착하지 않고, 작은 것을 잃더라도 큰 것을 취하는 길을 택했다. 중국인들의 강력한 반대에도 불구하고, 말레이족과 인도계가 중국인과 같은 권리를 갖도록 국가 체제를 만들어 나갔다. 만일 그가 소수민족에게 관대한 정책을 펴지 않았으면, 싱가포르는 민족 분쟁이 끊이지 않았을 것이고 정치적 안정은 이룩하지 못했을 것이다.

싱가포르의 기적은 요원했을지도 모르겠다. 리콴유는 언어와 문화에 대한 정책으로 여러 민족을 하나로 묶는데 성공했다. 그는 각 민족의 언어, 문화와 종교를 동등하게 취급하였다. 우선 언어에 대하여는 맨드린(중국의 북경어), 말레이, 타밀(인도의 언어 중에 하나), 영어를 공식 언어(official language)로 채택하였다. 언어정책에 리콴유의 능수능란한 정치수완이 엿보인다. 불과 인구의 15%에 지나지 않는 소수민족인 말레이족의 언어를 중국어와 동등하게 국가 공식 언어로 채택한 것은 파격적인 일이다. 더군다나 싱가포르의 애국가를 말레이어로 결정하기까지 하였다. 말레이족과 인도인들이 리콴유의 관대한 리더십을 인정하지 않을 수 없었을 것이다.

영어를 제외한 3개국 언어가 공용어로 채택된 것은 전적으로 정치적인 이유에서였다. 왜냐하면, 이 중 어느 언어도 사실상 공용어로서 실용성이 없기 때문이다. 싱가포르의 화교들조차 중국 표준어인 맨드린으로 전부 의사소통이 가능한 것이 아니다. 싱가포르인들의 조상들은 중국 각지에서 이주해 온 것이다. 조상이 같은 성(省)에서 온 사람들은 동일한 방언을 쓰지만, 그렇지 않은 경우 전혀 의사소통이 될 수 없다. 화교들이라도 자신들의 중국어 방언이 같지 않으면, 영어를 써야 의사소통을 할 수 있다.17)

싱가포르의 실질적인 공용어는 영어이다. 식민지 시절부터 영어가 공용어였기 때문에 대부분 사람들이 영어에 능통하다. 영어는 자연스럽게 싱가포르의 공용어로 자리를 잡았다. 싱가

---

17) 사실 중국의 방언은 우리나라 사투리의 개념과 전혀 다르다. 거의 다른 언어라고 보면 되겠다. 중국은 여러 민족이 이룬 국가이기 때문에 언어도 한두 가지가 아니다. 중국의 방언은 사실상 각 민족의 언어라고 보는 것이 타당하겠다. 중국은 모택동이 사회주의 국가를 세울 때까지 언어가 통일 되지 못했다. 이를 극복하기 위해 중국정부는 모든 중국인들에게 표준어인 맨드린을 배우게 하였다. 중국 본토는 언어가 통일이 되었다. 그러나 화교들은 전부 맨드린을 할 수 있는 것은 아니다. 홍콩의 경우, 영국 식민지 시절에는 맨드린을 표순어로 받아들이지 않았고 그들의 언어인 캔토니스(광동어)만 사용하였다. 지금도 홍콩사람들과 대만사람들이 의사소통을 할 때는 영어를 사용한다. 대만 사람들은 자신들의 언어인 호켄어(복건성 언어)를 사용하고 있고, 장개석의 국민당 정부가 들어선 다음에 표준어가 된 맨드린을 구사할 수 있게 되었다. 이들이 맨드린을 배우지 못한 홍콩인과 대화를 나눌 때는 영어외에는 의사소통 수단이 전혀 없다. 영어가 없는 대만인과 홍콩인들과 의사소통을 하려면 통역이 있어야 될 정도이다.

포르에서는 영어를 공용어보다 비즈니스 언어(business lan-guage)라고 부른다. 싱가포르의 모든 사람들하고 의사소통을 하고 경제활동을 하려면 영어를 써야 되기 때문에 이러한 명칭이 생긴 것이다.

싱가포르는 명절을 정할 때도 소수민족인 말레이와 인도인의 종교와 문화를 최대한 존중하였다. 이들의 명절을 모두 공휴일로 하였다. 말레이족은 종교가 이슬람이기 때문에 이슬람의 명절을 싱가포르가 모두 휴일로 정하였다. 대다수의 싱가포르인들과 이슬람은 관계가 없지만, 이슬람의 명절을 기념하고 있다. 화교가 다수를 차지하지만, 중국의 명절을 더 중시하지는 않고 있다. 중국인들은 구정을 거의 보름이상 세고 있는데, 싱가포르에서는 단지 2일만 공휴일로 하고 있다. 다른 소수민족을 배려한 처사라고 본다. 싱가포르의 애국가는 영어도 아닌 말레이어로 되어 있다. 불과 인구의 15%를 차지하는 말레이족을 배려하여 애국가를 말레이어로 했다는 것은 실로 파격적이다. 리콴유는 소수민족에게 많은 것을 양보하였다. 대신 사회 안정이라는 대어를 낚을 수 있었다. 현재 대통령은 인도계인 나단(Nathan)이다. 물론 싱가포르는 내각책임제라서 대통령은 정치적 실권이 없고, 상징적으로 국가를 대표하는 직책이다.

그러나 인구의 불과 6.5%에 불과한 소수민족인 인도계가 대통령직을 차지함으로써 인도인들을 정치적으로 소외시키지 않고 끌어안을 수 있었다고 본다.[18] 대학입학에 있어서도 말레이족에게 상당한 배려를 하고 있다. 말레이 학생들이 화교들과 수

평경쟁을 통해서는 좁은 대학문에 들어 갈 수 없다. 말레이학생들은 도저히 중국계 학생들의 적수가 되지 못한다. 싱가포르 정부는 이들을 위해 일정한 쿼터를 배정함으로써 말레이 학생들도 대학에 진학할 수 있도록 배려하였다. 이 정책은 소수민족인 말레이족이 소외되는 것을 효과적으로 막고 있다고 본다. 리콴유는 확실히 그릇이 큰 정치 지도자임에 틀림이 없다. 이러한 소수민족 배려정책에 화교들의 반발이 없었던 것은 아니다. 특히, 언어 문제를 놓고 화교들과 리콴유가 대립하기도 하였는데, 리콴유의 입장은 매우 단호하였다. 화교계 학교이었던 난양대학(南洋大學)의 소요사태가 그 대표적인 예이다. 이 대학은 화교들이 1981년에 세운 사립대학이었다. 수업을 중국어로 하였는데, 리콴유는 학교에서 쓰는 공식 언어를 영어로 할 것을 명하였다.

당시 싱가포르에는 4년제 대학이 두 개 밖에 없었는데, 싱가포르 국립대와 난양대학이었다. 싱가포르 국립대는 식민지 시절부터 존속하였는데, 영국계 학교이었기 때문에 당연히 영어를 공식 언어로 사용하고 있었다. 그런데 난양대학이 중국어를 고집하면, 인도계와 말레이계가 소외되어 이 학교에 들어 올 수 없게 된다. 그래서 리콴유는 국가화합 차원에서 난양대학이 중국어를 포기하고 영어를 사용하도록 요구한 것이다. 그런데 화

---

18) 나단이 대통령이 취임한 때는 1999년인데, 이 때는 이미 리콴유가 총리에서 퇴임한 후였다. 그러나 그는 아직도 싱가포르에서 가장 영향력이 있는 사람이다. 중대한 국사는 리콴유의 재가를 거쳐야 되는 것으로 알려져 있다.

교들이 거세게 반발하고 나섰고, 극심한 소요사태가 발생하였
다. 리콴유는 이 학교를 폐교 시키는 극단적인 결정을 내렸
다. 그는 그 상황에서는 매서운 채찍을 내리 치는 것이 최적의 선택
이라고 보았던 것이다. 언어 문제의 불씨가 남아 있으면, 이는
언제든지 싱가포르의 통합에 걸림돌이 될 수 있다고 믿었다고
본다.

폐교된 대학은 얼마 뒤 난양이공대학(Nanyang Technological
University)으로 이름을 바꾸어 1991년에 국립대학으로 개교를
하였다. 물론 학교의 공식 언어는 영어가 되었다. 지금 이 대학
은 말레이계와 인도계뿐만 아니라 전 세계에서 수많은 교환학
생과 유학생이 오고 있다. 이는 영어를 학교 공용어로 사용하기
때문에 가능한 것이다. 리콴유는 당근과 채찍을 시의 적절하게
사용 하는 고도의 정치수완으로 싱가포르의 사회통합과 결속을
이루어 왔다. 그가 국제적으로 인정받는 세계적인 지도자의 반
열에 서게 될 수 있었던 것은 천부적인 정치적 자질을 바탕으로
뛰어난 리더십을 발휘했기 때문이다.

3. 동남아의 진주: 적도에서 이룬 기적

세계지도를 보면, 적도 지역은 거의 다 후진국들이다. 선진국
들은 북반부의 북쪽에 자리 잡고 있다. 그래서 선진국과 후진
국간의 문제를 남북문제라고 부르기도 한다. 특히, 적도 지역
은 세계에서 가장 낙후된 나라들이 밀집되어 있다. 아프리카의
국가들과 중남미 제국들이 대표적이고, 아시아에서는 인도, 인
도네시아 말레이시아 등이다. 적도에 위치한 싱가포르는 이들
국가 중, 군계일학과 같은 고소득 국가이다. 싱가포르의 개인
소득은 이미 2만 5천 달러를 넘어섰다. 아시아에서는 일본에
이어 2위를 달리고 있는 중이다. 싱가포르는 건국이후, 줄 곧
초고속 성장을 거듭해 왔다. 아시아 외환위기시기를 제외 하고
는 평균 8%를 넘는 성장률을 기록했다. 국제경영연구원(IMD:
International Institute for Management Development)에 의한
국가 경쟁력 평가에서 싱가포르는 1994년 이후 줄곧, 2위를 달
리고 있다. 싱가포르는 아시아의 스위스나 핀란드와 같은 강소
국임에 틀림이 없다고 본다.

　싱가포르는 어떻게 해서 가난한 동남아 국가에서 자타가 공인
하는 선진국으로 부상할 수 있었는가? 쉽게 대답하자면, 그것은

리콴유의 정치지도력에 의해 달성된 것이다. 리콴유와 싱가포르를 동격으로 놓아도 무방하다고 본다. 오히려, 리콴유는 싱가포르보다 더 큰 존재일는지도 모르겠다. 싱가포르는 자유방임주의 시장경제 체제로 성공적인 경제성장을 산 것이 아니다. 정부의 기획과 개입으로 이루어낸 기적이다.

리콴유는 원래 사회주의자이었으나, 건국 후에는 사회주의를 버리고 실용주의를 채택하였다. 국가 경제체제는 국가 중심적(state-centered) 시장체제라고 할 수 있다. 국가가 경제발전을 기획하고, 민간기업들이 정부의 방침에 따라 기업 활동을 하는 경제체제이다. 권위주의 정권 아래서 고도성장의 신화를 이룩한 한국경제 시스템과 대동소이하다. 한국에서는 경제기획원(EPB: Economic Planning Board)이 한국경제의 견인차 역할을 했다면, 싱가포르에서는 경제개발청(EDB: Economic Development Board)이 이에 해당된다.

정부의 주도적으로 경제를 성공적으로 발전시키려면 선결조건이 있다. 첫째는 국가가 정치적으로 안정되어 있어야 되고, 둘째는 정부의 힘이 강력해야 된다. 한국의 경우, 민주당 정부 시절(1960-1961) 국가 중심적 경제발전을 기획했었다. 그러나 이 당시 장면정권은 정치적 기반이 허약했고, 경제발전을 추진할 힘이 없었다. 그 경제발전 계획은 군사정부에 의하여 계승되어 성공적으로 집행될 수 있었다. 그 이유는 박정희 정권은 정치적 안정을 이룩했고, 막강한 힘을 갖고 있었기 때문이다. 박정희 정부는 무소불위의 권력으로 경제개발계획을 강력하게 추진할 수 있었다.

싱가포르의 경우는, 건국초기부터 이러한 선결조건이 완비되어 있었다고 본다. 탁월한 정치력을 지닌 리콴유의 집권으로 싱가포르는 처음부터 정치적으로 매우 안정되었다. 앞서도 언급했지만, 싱가포르는 다민족사회인데도 불구하고 심각한 갈등 없이 사회통합을 이룰 수 있었다. 또한 리콴유가 이끄는 인민행동당이 절대 다수당이므로 싱가포르 정부는 막강한 권력을 보유하게 되었다. 리콴유 정부는 경제발전 계획을 강력하게 추진할 수 있었던 것이다.

싱가포르의 정치적 안정성은 싱가포르 경제에 많은 반사이익을 가져다주기도 했다. 주변 국가들은 정치적으로 안정되지 못하고, 치안도 불안하기 때문에, 이 지역에 사는 화교들이 자신들의 자금을 싱가포르에 도피 시켰다. 싱가포르에게는 땀 한 방울 흘리지 않았는데도 호박넝쿨이 통째로 굴러 들어오는 셈이다. 그리고 다국적기업들도 정치적으로 안정되어 있는 싱가포르를 선호할 수밖에 없다. 싱가포르는 동남아 지역에서 가장 안전하고, 정책의 일관성도 있는 국가이기 때문이다. 싱가포르의 경제 발전과정을 살펴보고자 한다.

싱가포르는 식민지 시절에는 중계 무역항으로서 해상무역의 거점이었는데, 이는 싱가포르 경제의 기반이 되었다. 싱가포르가 처한 지정학적 위치는 싱가포르에 행운이었으며, 무역의 중심지가 되어 경제적 혜택을 입게 되었다. 싱가포르에 많은 배들이 들어오게 되고, 대서양에서 태평양을 횡단하는 배들도 주유를 위해서는 싱가포르에 정박해야 되었다. 싱가포르는 항구를 기반으로 한 경제활동이 활발하였다. 영국령 말레이시아에 있어서 은과 고무생산 확대 등에 의해 20세기 초반부터 싱가포르는 은행, 선박회사, 보험회사, 무역회사 등이 동남아를 거점으로 발전하였다. 그 결과, 식민지 시절에도 주변국들보다도 경제적으로 부유하였다고 한다. 2차 대전이후, 인구가 급증하고, 실업문제가 발생하기도 하였다. 이는 노동운동을 야기 시키기도 했는데, 파업으로 사회적 혼란을 겪기도 했다. 실업문제 해소를 위해 소규모 경영에 기반을 둔 가내 수공업을 발전시켰다.

싱가포르의 제조업은 국내시장과 말레이시아를 겨냥하여 발전되었다. 1959년 싱가포르는 영국으로부터 독립하여 영국의 자치령이 되었고, 리콴유가 이끄는 인민행동당이 선거에서 승리하였다. 리콴유는 자치정부의 총리로 취임하게 되었다. 리콴유 정부는 제조업 활성화를 통한 실업문제 해결에 역점을 두었다. 그는 1959년에 창업법(Pioneer Industries Ordinance)을 제정하여, 싱가포르의 공업화를 추진하였다. 이를 통하여, 공업화에 필요한 선도 산업을 지정하고, 소득세 면제와 보호정책을 수립했다. 싱가포르 정부는 1961년 국가경제개발계획(1961-1964)을 발표하였다. 이는 우리나라의 경제개발계획과 유사한 것이다. 이에 따라 수입대체(import substitution)를 통한 공업화가 추진되었다. 그러나 토착자본이 미약하고, 공업화를 위한 기술이 부족하여서 싱가포르 정부는 다국적기업의 해외직접투자(FDI: Foreign Direct Investment) 형태의 외자도입을 통해서 공업화

를 이룩하려고 하였다. 한국은 재벌이라는 토착자본에 의하여
산업화가 추진되었으며, 기술은 처음에는 외국에서 도입하였지
만 점차적으로 기술자립을 추진하였다. 그리고 한국도 외자가
도입은 되었지만, 싱가포르와는 달리 다국적 기업의 투자가 아
닌 차관형태로 도입되었다.

결과, 한국의 경우 외국자본이 국내산업에 지분을 가질 수 없
었고, 당연히 경영권도 소유할 수 없었다. 한국은 외자도입은
하였어도, 부채형태로 도입되었기 때문에 토착자본의 소유권과
경영권은 침해 받지 않았다. 싱가포르는 경제개발을 추진하기
위하여 1961년 8월 경제개발청(EDB: Economic Development
Board)을 설립하여 체계적인 경제발전을 시작 하였다. 그리고
주요 민간기업에 투자하는 공업용지 개발, 기술훈련 제공, 정책
금융 등을 적극적으로 추진했다. 앞서도 언급하였지만, 싱가포
르 경제는 시장경제의 원리가 아니라, 정부의 강력한 개입으로
발전된 것이다. 싱가포르 정부는 정부주도로 공업단지를 건설
하여 세제혜택 및 우대조치를 부여하고 외자유치 정책을 적극
적으로 추진하였다. 1963년 리콴유는 국내의 많은 반대를 무릅
쓰고, 싱가포르를 말레이시아에 병합시킨다.

그런데 여러 가지 정치적 문제로 인하여 싱가포르는 1965년
말레이시아 연방에서 탈퇴하여 독립을 하게 된다. 이 때, 싱가포
르는 공산품의 말레이시아 시장을 잃게 된다. 설상가상으로, 싱
가포르에 주둔한 영국군까지 철수하여 경제적 타격을 입게 되
었다. 영국군은 수에즈 운하로 이동하였는데, 영국군의 주둔효

과가 GDP의 20% 차지하고 있었다. 10만 명의 고용기회가 상실되었다. 이 난국을 타개하고자 싱가포르 정부는 수출주도형 공업화 노선으로 경제체제를 전환하였다. 이를 위해서는 외국인 투자를 적극적으로 유치하여 생산과 수출을 하게 하였다. 이 때부터 싱가포르 정부는 외국인 투자를 유인하기 위한 인프라 구축에 역점을 두기 시작하였다. 외자유치를 위하여 소득세와 법인세를 낮추었다. 1967년 경제확대촉진법(Economic Expansion Incentives Act)를 제정하여 제조업체의 수출에 대한 법인세율을 40%에서 4%로 대폭 낮추었다. 1968년에는 노동관계법을 개정하여 경영자 측에 유리한 노사관계를 설정하고 저임금 정책을 추진하였다. 싱가포르 정부의 임금통제는 노동집약적 산업을 중심으로 한 외국인 직접투자를 추진하는데 결정적인 역할을 했다. 싱가포르 경제는 투자율의 확대로 안정적인 성장의 기반을 마련하였다. 이는 높은 저축률을 바탕으로 한 것이다. 싱가포르 정부는 소비를 줄이고, 저축을 높이기 위해서 반강제적인 저축 제도를 도입하였다. 소위 중앙적립기금(CPF: Central Providence Fund)이다. CPF는 1955년 당초 노후연금으로 적립되기 시작했는데, 싱가포르 정부는 노사양측의 부담률을 높였다. 싱가포르의 저축률은 45%로 세계 최고 수준이다. 높은 저축률은 국내투자를 촉진 시켰고, 그 결과 싱가포르 경제는 석유파동이 있기 전까지 두 자리 수의 성장을 할 수 있었다.

1973년 석유파동으로 성장이 둔화되기 시작했고, 외자도입이 감소되었다. 싱가포르 정부는 새로운 산업정책을 통해 산업구조

조정을 단행하였다.

1979년 싱가포르 정부는 산업고도화 정책을 추진하였다. 제조업 부문에서는 자동차 부품, 컴퓨터와 주변기기 등의 자본집약적 산업을 주력으로 산업구조를 업그레이드 시켰다. 싱가포르는 1984년까지 높은 투자율을 유지하면서, 지속적인 경제성장을 유지 할 수 있었다. 1985년에는 대외적인 경제여건의 악화로 마이너스 성장을 기록했다. 싱가포르 정부는 경제적 위기를 타개하기 위하여 경제위원회를 설치하였다. 생산비용 인하, 투자보호조치 확대, 임금결정제도 유연화를 골자로 하는 타개책을 마련했다.

다음 해, 경제위원회는 '싱가포르 경제의 새로운 방향(The Singapore Economy: New Direction)'이라는 보고서를 내었다. 정부의 정책의 중심이 제조업 중심에서 서비스 부문으로 선회하였다. 의료서비스, 출판, 창고 및 유통업 등의 외자유치가 적극 추진되었다. 제조업은 전자, 통신, 정보기술, 광학 등의 경쟁력 있는 부문만 지원하기로 하였다. 또한 다국적기업들에게 싱가포르에 지역본부를 설치하도록 요청하였다. 이를 위해 다양한 외국자본 우대정책을 폈다. 싱가포르에 지역본부를 두려는 다국적기업들에게 세제상의 우대조치를 하는 한편, 항만, 공항, 창고, 통신망 등을 이용하여 부품조달업무를 집중하려는 기업에 대하여 국제조달사무소로서 우대조치를 제공하는 등 지역의 비즈니스 중심지로 부상하려는 노력을 경주하였다. 대외 여건이 호전되면서 1990년까지 싱가포르는 높은 경제성장

률을 기록했다. 1991년 초대총리인 리콴유가 퇴임하고, 고척동
이 신임 총리가 된 후, 새로운 경제정책이 제시 되었다.[19] 국
제 비즈니스의 거점으로 싱가포르의 발전을 추구하면서, 노동
생산성 향상을 도모하고, 정보 인프라와 정보기술을 발전시킨
다는 것이다. 이와 함께 해외투자 촉진과 국제적 사업네트워크
를 구축한다는 것이다. 이 시기부터 싱가포르의 정보화가 본격
적으로 추진되었는데, 상당한 성공을 거두었다. 싱가포르의 정
보화는 빌 게이츠가 극찬을 아끼지 않을 정도로 수준급이다.
그는 "지구상에 싱가포르보다 정보화된 나라는 없다"라고 싱
가포르의 정보화를 추켜세우기도 하였다. 싱가포르의 정보화는
정부에 의하여 지속적이고 면밀하게 추진되었다. 이미 1980년
대에 수립된 'IT 2000' 프로그램에 의하여 싱가포르 정부는 자
국을 지식정보의 섬(Intelligence Island)으로의 변환을 시도하였
다. 이 프로젝트 추진으로 싱가포르는 모든 집과 사무실, 학교,
공장들을 네트워크로 연결하였다. 1990년대 초반에 싱가포르는
이미 학교, 은행, 항구, 병원, 회사 등의 업무가 전산화 되었고,
인터넷이 활용되기 시작했다. 싱가포르는 한국보다 훨씬 먼저
정보화 추진에 나섰던 것이다.

　싱가포르 항구는 첨단 정보기술로 업그레이드되어 전자 무
역항으로 거듭났다. 하역시설은 세계 최고의 수준이다. 아무리
세계적인 항구도 화물을 내리는 데는 보통 며칠 씩 걸린다. 그

---

19) 고척동은 원래 정치인이 아니었다. 30대 초반에 해운회사 CEO를 역
　　임 하였는데, 능력을 인정받아 정치권으로 스카우트 되었다.

런데 첨단화 된 싱가포르 항구는 평균 11시간 밖에 걸리지 않
는다. 정보화에 앞장선 결과, 싱가포르는 물류에 있어서 세계
최고의 경쟁력을 갖고 있다. 1997년 싱가포르 전체에 이미 세
계 최초의 고성능 광역 네트워크가 형성 되었다. 모든 가정과
기업, 그리고 정부가 '싱가포르 원(Singapore One)'이라는 쌍방
향 멀티미디어 회로에 오르게 되었다. 그 위에 공중파급 비디
오 파일과 CD급 오디오 파일이이 초당 2.88 메가비트 속도로
질주하기 시작했다. 이 당시로서는 정보화 수준에 있어서 싱가
포르가 선두를 달리고 있다고 해도 과언이 아니었다. 이러한
정보 인프라는 아시아의 통신, 금융, 수출의 중심지로 부상하
기 위한 포석이었다. 이러한 탁월한 정보 인프라는 다국적기업
을 유인하기에 충분하였다. IBM, Compaq, Sun Microsystem,
Lotus 등의 IT 다국적기업들의 아시아 본부가 싱가포르에 위
치하게 되었다. 싱가포르의 대학들은 IT 수요에 대처하기 위하
여 IT 인력 양산체제를 갖추었다. 또한 전 국민을 정보화 대열
에 참여시키기 위해 인터넷으로 교육을 진행하기도 하였다.

　싱가포르는 아시아 금융위기 이후, 다른 아시아 국가들보다
비교적 안정적인 경제를 운용하면서 경제위기에 대응하기 위
하여 다양한 노력을 기울여왔다. 1997년에는 국가경쟁력 위원
회를 설치하였고, 지식기반경제로 가기 위해 산업화 전략을 체
계화 하였다. 또한'Industry 21'을 공표하고, 서비스 산업과 연
계한 고부가가치 산업 활동에 역점을 둔 지식집약형 산업구조
로의 전환을 목표로 개방경제체제를보다 강화하고 있다.

싱가포르는 그 동안 성공적인 경제발전을 해 왔다. 발전에 결정적으로 기여한 중요한 요인들을 검토해 보고자 한다.

첫째, 정치적 안정성을 들 수 있다. 리콴유 정부는 장기간 집권하면서 정치적으로 안정된 사회를 만드는데 성공하였고, 막강한 권력을 소지하여 정부가 세운 경제개발정책들을 강력히 추진할 수 있었다. 사회가 안정되지 못하고서는 경제발전이 사실상 불가능하다. 리콴유의 장기집권은 정치적 안정성을 통해 정책의 일관성을 유지하는데 크게 기여했다고 본다. 또한 싱가포르는 주변의 동남아 국가들보다 정치적으로 안정되어 있기 때문에, 반사이익을 누릴 수 있었다. 다국적 기업들이 동남아 지역에 투자를 결정할 때, 싱가포르는 안정성 때문에 투자지로서 0순위가 된다. 다국적기업들은 인도네시아 같이 정치적으로 불안한 곳은 위험지역으로 분류하여 투자하기를 꺼린다. 이 지역의 화교들도 여유자금을 싱가포르에 많이 예치한다. 그 이유는 자신들이 살고 있는 국가에서 변고가 발생할 경우를 대비하여 자금을 안전한 곳에 도피 시키고 있는 것이다. 따라서 동남아의 외화가 자연히 싱가포르에 모이게 된다. 싱가포르가 정치적 안정되어 있다는 이유하나로도 싱가포르는 이 지역의 금융허브가 될 수 있었던 것이다. 현재, 싱가포르는 금융의 중심지라고 자부하고 있는데, 이는 싱가포르가 금융의 경쟁력이 뛰어나서라기보다, 주변국들의 정치사회적 환경이 상대적으로 열악해서 얻어지는 무임승차라고 해도 과언이 아니다.

둘째, 싱가포르 정부의 탁월한 행정능력이다. 세계경제포럼

(WEF)에 의한 평가에서도 싱가포르 공공부문의 경쟁력은 세계 1위이다. 뛰어난 행정 서비스는 싱가포르에 진출하려는 다국적기업들에게는 큰 매력이 아닐 수 없다. 더군다나 싱가포르 정부에서 제공하는 다국적기업을 위한 원스톱 서비스(One Stop Service)는 외국자본이 싱가포르를 선호하게 만드는데 큰 기여를 하고 있다고 본다.

셋째, 원만한 노사관계다. 싱가포르에는 노조가 존재하지만, 실제적으로는 파업이 존재하지 않는다. 싱가포르는 강력한 국가권력으로 노조를 약화시켜 거의 무노조 환경을 조성하였다. 1987년 이 후, 싱가포르에는 파업이 더 이상 일어나지 않았다. 다국적기업들은 강성노조를 회피하려 한다. 이런 면에서 볼 때, 싱가포르는 다국적기업들이 강력히 선호하는 생산기지라고 볼 수 있다.

넷째, 싱가포르는 법인세 등 세율이 낮아서 세금의 천국(Tax Haven)이라고 부른다. 낮은 세율은 투자를 증진시키며, 특히 외국자본의 유입을 촉진시킨다. 앞서도 언급하였지만, 싱가포르는 경제확대촉진법(Economic Expansion Incentives Act)에 의해 법인세율을 1/10으로 격감시켜 4% 수준이다. 미국의 법인세율은 6.5%이고, 프랑스는 7.6%, OECD 평균은 9.4%이다. 한국의 법인세율은 12.3%로 대단히 높다. 소득세율도 싱가포르는 25% 정도인데, 한국은 30%를 초과하고 있다. 싱가포르의 소득세율은 홍콩보다는 약간 높지만, 미국보다는 낮은 수준이다.

다섯째, 싱가포르는 영어가 쉽게 통용되는 지역이다. 동남아시아에서 필리핀을 제외 하고는 싱가포르 국민이 영어를 제일 잘 한다.[20] 이는 외국 투자가들에게 중요한 메리트가 되는 것 이다. 외국기업 입장에서는 현지인을 고용해도 의사소통의 장 애가 없기 때문에 싱가포르는 외국인 투자처로서 아주 유리한 후보지가 된다. 싱가포르는 오랫동안 영국의 식민지이었기 때 문에 대부분의 국민들은 영어로 간단한 의사소통은 할 수 있 다. 노점상이나 택시 운전수들도 영어를 곧잘 한다. 물론 싱가 포르식 악센트 때문에 영어를 유창하게 하는 것 같이 느껴지 지는 않는다. 그러나 영어를 알아듣고, 의사표시를 하는 것은 한국 사람들과는 비교도 되지 않을 정도로 잘 한다. 외국인들 이 한국의 거리를 다닐 때, 의사소통이 되지 않아 매우 답답 하다고 하는데, 싱가포르는 영어가 잘 통하므로 외국인들에게는 전혀 낯설게 느껴지지 않는 곳이라고 할 수 있다. 더구나 교육 을 받은 사람들은 수준급으로 영어를 구사한다.

싱가포르 학교에서는 영어를 제 1언어(first language), 그리고 맨드린, 말레이, 타밀어 중의 하나를 제 2언어(second language) 로 택하게 한다. 따라서 말레이시아인들에게는 영어를 제1언어 로 하고, 말레이어를 제2언어로 택하여 공부하면 된다. 미국대 학들은 싱가포르 유학생에게는 토플성적 제출을 면제해 준다.

---

20) 인접국인 말레이시아도 과거에 영국의 식민지였기 때문에 어느 정도 영어가 통한다. 그런데 말레이시아는 마하티르 총리 집권 시절 민족 주의적 색채를 띠면서 영어를 말레이시아에서 몰아내었다. 말레이시 아는 이를 후회하고, 다시 영어 교육을 강화하고 있다. 말레이시아의 영어 수준은 싱가포르에 미치지 못한다.

싱가포르인들의 영어실력은 국제적으로 인정을 받고 있다. 여섯째, 싱가포르의 해외자본 유치와 수출 지향적 산업화 정책이 주효하였다. 국내 토착자본의 축적이 열악하고, 산업기술 수준이 낮은 상태에서 이러한 정책은 싱가포르가 단기간의 초고속 성장을 할 수 있게 해 주었다. 다국적기업에 대한 효과적인 유인책은 수 없이 많은 외국기업을 싱가포르에 유치하는데 성공하였다. 미국계 금융기관인 메릴렌츠는 싱가포르를 투자적격 2순위에 올려놓았다. 싱가포르에 진출한 다국적 기업은 6000 여 개에 이르고, 이 중 싱가포르에 지역본부를 둔 기업은 200개이다. 싱가포르에서 다국적기업의 비중은 GDP의 35%, 고용의 52%를 차지하고 있다. 다국적기업은 싱가포르 경제에서 거의 절대적인 존재이다. 마지막으로 싱가포르의 고임금정책은 싱가포르의 산업구조를 업그레이드 시키는데 일조 하였고, 근로자들은 높은 급료를 받을 수 있어서 소득증대에 기여했다. 싱가포르 정부가 고임금 정책을 실시하여 싱가포르에 저부가가치 산업이 들어오는 것을 막았다. 대신 이 정책은 고임금 근로자들을 고용하는 고부가가치 산업이 싱가포르에 진출하게 하였다. 고임금정책은 다국적기업이 싱가포르를 단순가공업인 저부가가치 산업의 기지로 이용하지 못하도록 한 것이다. 따라서 싱가포르에는 자연히 다국적기업의 기술집약적 고부가가치 산업에 대한 투자가 이루어질 수 있게 되었다.

수출주도형의 경제정책이 성공을 거둔 결과, 싱가포르는 많은 양의 외환을 보유하게 되었다. 싱가포르의 외환보유고는 약

700억 달러이다. 한국은 현재 1000억 달러 규모의 외환보유고
를 유지하고 있다. 그런데 인구 400만의 조그만 도시국가인 싱
가포르가 700억 달러의 외화를 보유하고 있는 것은 국가규모에
비하여 엄청난 액수이다. 싱가포르 정부는 외화를 해외투자에
적극적으로 사용하고 있다. 정부의 투자를 담당하고 있는 부서
가 있는데, 투자청(GIC: Government of Singapore Investment
Corporation)이다. GIC는 1981년 싱가포르 정부가 갖고 있는
외환을 운용하기 위하여 설립되었다. 출범 당시 자본금이 30억
달러에 불과했으나, 현재는 2000억 달러(약 230조 원)의 규모이
다. GIC는 해외자산을 매입하기도 하는데, 서울의 거대 빌딩들
이 많이 싱가포르 투자청에 매각되기도 하였다.

서울시내 대형빌딩 10여개가 싱가포르에 팔린 사실을 아는
사람은 그리 많지 않을 것이다. 빌딩구입 자금만 약 10조원이
투자 되었다고 한다. GIC는 1999년 송파구 신천동 시그마타워
(330억원)를 시작으로 2000년 중구 회현동 프라임타워(490억원)
와 무교동의 파이낸스센터 빌딩(3555억원)을 사들였다. 2003년
과 2004년에는 모건스탠리로부터 무교동 현대 상선빌딩(430억
원)과 코오롱 빌딩(760억원)을 인수 하였다. GIC는 이랜드계열
2001아울렛에 500억원을 투자하기로 양해각서를 체결하였고,
대우 종합기기 인수의사를 밝히기도 했다.

그리고 싱가포르 투자기관인 MPI는 2004년 봄, 여의도 한나
라당 당사를 430억원에 매입하기도 했다. 싱가포르에 본사를
둔 부동산 펀드인 GRA은 중구 순화동 삼도에이스 타워, 서린

동 광주은행빌딩, 용산구 동자동 게이트타워, 강남구 역삼동 한
솔빌딩 등을 사들였다. 또한 싱가포르 정부 자금을 운용하는 아
센다스도 2002년 신문로 씨티은행 빌딩을 560억원에 인수하였
다. 지금도 싱가포르 투자청은 서울도심에 있는 대형빌딩의 인
수를 위해 협상을 벌이고 있다. 한국에 들어온 싱가포르 자본은
빌딩을 구입한 후, 철저한 임대관리로 엄청난 임대수익을 올리
고 있다. 싱가포르의 한국에 대한 투자는, 다른 투기자본과는
달리 단기차익이 아닌 장기적 임대수익을 목표로 한 것이다.

Ⅳ.
성가포르 신화의 그림자

1. 리씨왕조: 리콴유 부자(父子)의 나라

　싱가포르 역사가 리콴유의 개인의 인생사라고까지 할 수 있
을 정도로 리콴유는 싱가포르의 전부나 마찬가지다. 그는 건국
의 아버지요, 명실상부한 싱가포르의 국부(國父)이다. 1965년
초대 총리에 취임하여 1991년 퇴임할때까지 26년 동안 총리
직에 있었고, 그 후 2004년 8월까지 선임장관(senior minister)
으로 있으면서 오너(owner)의 역할을 해 왔다. 지금은 내각고
문(minister mentor)으로 물러났지만, 아직도 싱가포르 정부의
오너임에는 틀림이 없다. 장기집권을 한다는 비난을 피하기 위
해, 리콴유는 1991년 총리직을 사임함으로써 형식적으로 권자
에서 물러났다.

　그러나 싱가포르의 권력구도에는 아무 변화도 일어나지 않
았다. 리콴유의 자리를 이어 받은 고척동은 의원내각제에서 실
권자인 총리가 되었지만, 그는 고용사장에 불과했다. 주변국에
서조차 고척동 총리를 실권자로 인정하지 않았다. 싱가포르와
말레이시아는 물 공급과 같은 중대한 문제를 논의할 때, 양국
정상이 회담을 한다. 말레이시아의 마하티르 총리(재임기간:
1981-2003)는 중대한 문제로 싱가포르와 대화를 나눌 경우, 리

콴유가 아니면 아예 회담에 응하지 않았다. 최소한 리콴유의 장남인 리셴룽 부총리겸 재무부 장관은 되어야 회담이 되었다고 한다. 그는 2004년 8월에 총리에 올랐는데, 싱가포르의 2인 자이다. 마하티르 말레이시아 전 총리는 재임시절 그는 리콴유식 퇴임은 하지 않겠다고 공언을 해왔다. 그도 22년간이나 장기집권을 하며 무소불위의 권력을 누렸는데, 2003년 10월에 정계를 완전히 은퇴하면서 하야(下野) 하였다. 현재, 동남아시아나 제 3세계에서도 북한을 제외하고는 권력을 세습하는 나라는 없다. 북한은 부정적 이미지의 국가이지만, 싱가포르는 가든 시티라는 환상적 이미지를 갖고 있으면서도 독재와 세습체제를 공고히 한 나라이다. 아이러니하게, 싱가포르 정부는 깨끗하고 청렴하다고 평가를 받고 있지만, 어두운 권부의 핵심은 북한에 버금가는 지독한 세습독재체제이다.

싱가포르가 영국의 자치령으로 독립한 1959년부터 오늘날까지 리콴유는 싱가포르의 실질적인 최고 권력자로 군림하고 있다. 그것도 세습체제를 굳히면서 무려 45년 동안이나 권력을 유지하고 있는 중이다. 그는 어떻게 절대 권력을 소유했으며, 장기간 집권에 성공할 수 있었는가? 물론 그는 천부적 재질을 타고난 정치인이라서 정치 수완이 능수능란하다. 그의 탁월한 권모술수가 장기집권을 가능하게 했다는 사실은 두 말할 나위도 없다. 좀 더 구체적으로 그의 장기집권의 성공요인을 분석한다면, 리콴유는 당근과 채찍을 균형 있게 사용하여 그의 정치적 기반을 반석위에 세운 것이다. 리콴유는 국민들에게 초고속 경제성장이란 당근을 던져주어 강력한 지지를 얻는 반면, 무시시한 탄압을 동시에 가하여 자신의 권위에 감히 도전조차 하지 못하게 하였다. 대외적으로는 싱가포르의 긍정적 이미지를 홍보하여 독재국가라는 실체를 최대한 위장하고 있는 것이다. 리콴유는 영국의 케임브리지를 졸업한 지식인 정치가이다. 여느 독재자들과는 근본적으로 질이 다른 정치인이라고 본다. 그는 자신의 장기집권을 정당화하기 위하여 유교를 토대로 한 아시아적 가치를 내세웠다. 싱가포르의 권력구도는 유교적 가풍의 엄격한 가부장이 다스리는 대가족제도와 흡사하다. 싱가포르는 개인의 권리가 중시되지 않는 사회이다. 리콴유는 가부장이 다스리는 국가의 권위에 가족들에 해당하는 시민들이 순응하게 하여 사회의 안정과 질서를 이루게 하였다. 사회의 안녕질서 확립에 큰 가치를 부여함으로써, 개인권리와 기본권에 대하여는 상대적으로 경시되고 있다.

싱가포르는 일종의 전체주의 사회로서 유교적 이념이 가미된 가부장적 통치가 정착된 국가이다. 리콴유는 싱가포르에 민주주의가 아닌 독재체제가 정당화 될 수 있도록 치밀하게 통치이념을 세워 놓았던 것이다. 그가 국민들의 존경과 두려움의 대상으로서, 장기집권을 하면서 사용했던 당근과 채찍을 살펴보고자 한다.

그가 던진 당근은 박정희가 유신시대 사용하던 것과 동일한 것이다. 박정희도 사회 안정과 굳건한 안보 속에 초고속 경제성장을 이룩함으로써 자신의 독재 권력을 정당화 하려 하였다.

리콴유도 사회 안정과 경제발전이라는 당근을 국민들에게 제 공하는데 성공하였다. 건국초기 마약과 도박으로 흐트러진 사회기강을 엄격한 법으로 바로잡았다. 공정한 법집행은 정부의 부정부패를 없애고, 깨끗한 정부를 만들었다. 질서 있고, 안정된 사회 그리고 투명하고 깨끗한 정부는 국민의 지지를 이끌어 내기에 충분한 강력한 당근이었다고 본다. 박정희가 4.19 이후 혼란했던 사회질서를 군정으로 바로 잡아 국민의 지지를 얻어 낸 것과 흡사하다. 박정희는 안정된 질서위에 막강한 힘으로 경제성장 정책을 강력하게 밀어붙였다. 리콴유도 동일한 방법으로 경제를 성장시켜, 소득증대라는 귀한 선물을 싱가포르인들에게 선사하였다.

박정희 시대의 초고속 성장과 리콴유식 경제발전은 약간 다른 면이 있다. 박정희는 성장우선 정책을 쓰느라고 노조를 탄압하고 경제의 파이를 키우는데 전력을 하였다. 리콴유는 성장을 중시하기는 하였지만, 권력의 주된 기반이 서민들을 위한 배려가 상당히 깊었다. 리콴유는 원래 노조의 지지를 발판으로 정계에 진출하게 되었다. 그는 체신노조의 법률고문을 하면서 서민들의 지도자로서 최고의 권자에 오르게 된 것이다. 그의 장기집권을 위해서는 서민들을 끌어 들이지 않으면 되지 않았다. 그들이 가난에 시달리지 않고, 안정된 생활을 유지하는 이상, 리콴유에 대한 지지는 확고하다고 본 것이다. 리콴유의 서민을 위한 정책은 대성공이었고, 그의 정치기반은 국민의 대다수인 서민계층에 견고히 뿌리를 내릴 수 있었다. 박정희가 정권말기에 서민들의 지지를 잃고 비참한 최후를 마쳤던 것은 리콴유처럼 서민들을 포용하는 정책을 쓰지 못해서 비롯된 것이 아닌가 하는 생각이 든다.

싱가포르는 서민들이 기본적인 생활수준을 유지할 수 있도록 정책을 펴고 있다. 싱가포르의 저소득층의 서민들은 적어도 안정된 주거와 식생활은 영위할 수 있다. 미국이 최강국임을 자랑하지만, 한 편으로는 노숙자들이 즐비한 나라이다. 이들은 상당수가 중산층이었다가 실직 등으로 인하여 전락하여 노숙자들이 된 것이다. 미국만 해도 실패자나 경쟁에서 낙오된 사람들이 최소한 기본적인 생활을 영위하는 것이 보장되어 있지 않다. 물론 푸드뱅크(Food Bank)가 있으니까, 최소한 굶지는 않는다. 그러나 인간적인 품위를 유지하며, 살 수 있는 최소한의 여건은 마련되어 있지 않다.

그런데 싱가포르는 세계 어디서나 흔히 볼 수 있는 노숙자나 거지가 없다. 이는 싱가포르 정부가 전 국민들에게 최소한의 기본적인 생활을 제공하기 때문이다. 우선 식생활부터 언급해 보기로 한다. 싱가포르인들은 음식문화는 독특하다. 식사는 주로 외식을 한다. 집에서 요리하는 경우는 많지 않으며, 가끔 주말에 집에서 식구들이 모여 식사를 하곤 한다. 그래서 집 크기에 비하여 부엌이 상당히 작은데, 집에서 자주 요리를 하지 않기 때문이다. 서민들은 호커센터(Hawker Center)라고 하는 허름한 음식점에서 식사를 해결한다. 아침에 이 곳에서 식사를 하고 출근을 하고, 저녁에는 퇴근을 하면서 다시 호커센터에서 저녁식사를 하든가 아니면 음식을 사서 집에 와서 식사를 하기도 한다. 한국처럼, 여자들이 가사 일에 얽매이지 않는다. 이런 면에서는 여자들의 지상천국이다. 싱가포르 여자들은 결혼을 해도 직장생활을 계속하기 때문에 전업주부로서 가사에 전념할 수가 없기도 하다. 호커센터에서는 아주 저렴한 가격에 풍성한 식사를 할 수 있다. 그래서 구태여 집에서 요리를 할 필요가 없기도 하다. 싱가포르 돈으로 2-3달러(1400원에서 2000원)를 내면, 한 끼 식사를 해결할 수 있다. 최소한 5000원은 들어야 최소한의 식사를 할 수 있는 한국과 비교하면, 파격적으로 싼 가격이다. 그리고 음식의 질도 가격에 비하여서는 크게 떨어지지 않는다. 서민들을 위한 음식 값은 저렴하고, 여간해서 오르지 않는다.

따라서 서민들은 국가경제 상태에 관계없이 식생활은 안정되게 영위할 수 있는 것이다. 아무리 가난해도 밥은 배불리 먹을 수 있다는 것이다. 싱가포르는 서민들을 이용하는 음식점이나 기본물가는 상당히 저렴하고 안정적이다. 철두철미하게 서민을 보호한다는 말이다. 서민들도 이러한 정부의 배려에 고마워하고, 집권층을 강력히 지지한다.

호커센터보다 한 단계 높은 음식점은 가격이 대단히 비싸다. 한국과 같이 중간정도 수준의 음식점이 싱가포르에는 존재하지 않는다. 즉, 서민이상의 고소득층이 이용하는 음식점은 대단히 비싸다.

싱가포르에서는 패스트푸드(fast food)가 대단히 비싸다고 한다. 맥도날드나 버거킹은 한국에서는 싸구려 외식에 속한다. 그런데 싱가포르는 서민 음식점인 호커센터가 아주 저렴한 가격에 음식을 팔고 있기 때문에, 패스트푸드는 상대적으로 비싸게 느껴지는 것이다. 맥도날드가 세계 어디서나 큰 성공을 거두었지만, 싱가포르에서는 이러한 특수 여건 때문에 고전했다고 한다. 켄터키후라이드 치킨은 패스트푸드 중에서 비싼 편인데, 싱가포르인들은 지독히 비싼 음식점으로 인식하고 있다.

두 번째, 주택정책이 서민들에게 안락한 생활을 영위할 수 있게 해 주었다. 서민을 위한 아파트는 국민주택(HDB: Housing Development Board)이라고 부른다. 임대주택이 아니고 서민들이 소유할 수 있도록 정부가 최대한 정책적으로 배려하였다. 결혼한 사람에 한하여 분양권이 배정된다. 미국식 모기지식으로 당장의 목돈이 없어도 장기간에 걸쳐 할부로 구입이 가능하다. 싱가포르의 주택 보급률은 대단히 높으며, 결혼한 사람이면 누구나 집을 소유할 수 있는 것이다. 그런데 국민주택이 한국의 서민 아파트처럼 소형주택이 아니다. 한국의 중형 아파트 이상으로 크다. 그리고 천장이 높아서 집안이 더 커 보이고 시원한 느낌을 준다. 이 국민주택은 담보로 제공되는 것이 금지되어 있다. 고급콘도나 아파트는 이에 해당되지 않는다. 서민들이 자기 집을 담보로 은행에서 대출을 한 후, 못 갚을 경우 집은 경매에 넘어가게 될 수밖에 없다.

싱가포르 정부는 서민들의 하나 밖에 없는 자산인 국민주택을 지켜 주기 위해서 법으로 서민들의 주택은 담보로 제공 될 수 없게 조치한 것이다. 싱가포르 정부는 서민들이 최악의 경우에도 집을 날리는 일이 없도록 보호하고 있는 것이다. 이렇게까지 서민들의 기본적 삶을 보호해 주는 나라는 많지 않을 것으로 본다. 싱가포르의 서민들은 정부에 고마워하지 않을 수 없을 것이다. 미국만 해도 서민들이 거주하는 빈민 아파트는 더럽고 추하기 이를 데 없다. 싱가포르의 국민주택은 미국의 중산층들이 거주하는 아파트 수준이 된다. 물론 싱가포르 정부의 파격적인 지원에 의하여 가능한 것이다.

싱가포르처럼 서민들이 일정한 수준의 생활의 질을 유지하면서 살 수 있는 나라는 흔하지 않다고 본다. 서민들은 정권이 바뀌어 사회가 불안정하게 되면, 그러한 수준급의 생활수준을 유지 할 수 없다고 믿고 있다. 싱가포르의 대다수 국민은 자신들이 누리고 있는 생활의 질이 리콴유 덕분이라고 믿기 때문에 정권이 바뀌는 것은 원하지 않으며, 그러한 일은 상상조차 할 수 없는 일이다. 싱가포르인들은 안정된 생활을 원하고 불확실한 미래를 회피하기 때문에 구태여 정권교체를 할 필요는 없다고 보는 것이다. 이러한 면이 리콴유의 장기집권을 원활하게 만든 것이다.

싱가포르의 고속성장은 리콴유 정권의 지속적인 집권을 정당화 하는데 크게 기여하고 있다. 박정희가 중화학공업을 무리하게 육성하여 고속성장을 달성해서 장기집권의 길을 열어 나간 것과 유사하다고 본다. 1970년대 초, 박정희 정권은 삼선개헌과 유신헌법 제정으로 장기집권을 시도 하였는데, 가장 큰 문제는 정권의 정통성이 결여 된 것이었다. 장기집권을 정당화

할 수 있는 명분이 없었다. 그런데 경제적 성공은 독재정권을 합리화 할 수 있는 유일한 수단이었다. 박 정권은 70년대 초에 정권의 사활을 걸고 중화학공업의 발전을 추구하였던 것이다. 이로 인해 얻어진 가시적 성과는 어느 정도 박정권의 장기집권을 정당화 하는데 기여했다고 본다.

이와 마찬가지로 리콴유에게도 자신의 영구적 집권을 위해 싱가포르의 가시적 경제성장은 필수적이었다. 초고속 성장을 위해서는 외국자본의 유치가 가장 손쉽고도 빠른 방법이었다고 본다. 싱가포르에는 토착자본의 축적이 부족했고, 축적된 기술이 없었기 때문에 성장의 가시적 효과를 내기 위해서는 외자유치가 유일한 선택이 되었으리라고 본다. 주변국에 비하여 정치와 치안이 안정되어 있었으므로, 싱가포르는 상대적으로 외자유치에 유리하였다. 순조로운 외자유치로 싱가포르의 경제성장은 지속적으로 이루어질 수 있었다. 싱가포르인들은 자국내 진출하는 다국적기업에 취업할 수 있었기 때문에 소득 증대가 이루어졌고, 자연히 실업문제는 해결되었다. 싱가포르 정부는 다국적기업에 대하여 일정한 수의 싱가포르인들을 반드시 채용해야 된다고 법으로 규정하였다.

또한 이들에게 일정수준 이상의 급료를 지급하라고 요구하였다. 따라서 다국적기업에 취업하는 싱가포르인들은 상당히 높은 연봉을 받게 되었다. 싱가포르에 진출한 한국 기업체들도 싱가포르인들을 꼭 채용해야 되었고, 신입사원이라 할지라도 한국 대졸자 임금의 2-3배에 해당되는 급료를 현지인인 싱가포르 근로자들에게 지급해야 되었다고 한다. 이러한 구조 때문에 싱가포르인들은 쉽게 취업을 하고, 능력에 비해서도 많은 급료를 받을 수 있게 되었다. 리콴유의 이러한 경제정책은 싱가포르인들을 배부르고, 등 따듯하게 만드는데 성공한 것이다.

싱가포르인들의 임금 수준이 올라가자 싱가포르인들은 저급 일은 회피하게 되었다. 싱가포르 사람들 중에는 청소부나 막일 같은 일을 하는 사람이 극히 적다. 이런 3D 업종은 스리랑카나 인도네시아, 필리핀 등에서 취업이민을 온 외국 근로자가 담당하고 있다. 따라서 싱가포르 노동시장은 이중구조가 되어 있다. 막노동과 같은 매우 값싼 저임금 분야와 고임금 분야이다. 한국의 건설회사가 싱가포르에서 공사를 할 때, 고용하는 인부는 전부 제 3세계에서 취업이민을 온 근로자들이었다. 교육을 받은 싱가포르인들은 고임금 분야에서 일을 하고 있다. 이들은 소위 중산층에 속하는데, 집에 가정부(maid)를 둘 정도로 여유가 있다. 물론 가정부는 싱가포르인이 아니다. 주로 필리핀에서 취업을 온 부녀자들이다.21) 선진국이나 한국의 경우, 가정부를 고용하는 것은 대단한 부자가 아니고는 불가능하다. 왜냐하면, 대단히 비싼 급료를 지급해야 되기 때문이다.

그러나 싱가포르는 노동시장의 양극화되어 있어서 중산층이라도 가정부를 고용할 수 있는 것이다. 싱가포르 생활에 익숙

---

21) 필리핀은 한 때, 한국보다도 부유한 나라였지만, 지금은 동남아시아에서도 가장 빈곤한 국가이다. 여자들이 싱가포르나 대만에 가정부로 많이 취업하고 있는데, 이들이 송금하고 있는 돈이 필리핀의 가장 중요한 소득원이라고 한다.

해 있는 다국적기업 임원들의 부인들이 본국인 미국이나 유럽
으로 돌아가지 않으려고 한다. 그 이유는 싱가포르에서 넓은
콘도에서 안락하게 지내며, 가정부까지 부리며 귀족 같은 생활
을 하였는데 본국에 가면 그러한 생활은 꿈도 꾸지 못하기 때
문이다. 싱가포르 정부의 적극적인 다국적기업 유치정책과 고
임금 정책은 서민층에게 기본적인 생활이 보장 되게 하였고,
중산층에게는 고소득으로 높은 질의 삶을 영위할 수 있게 해
주었다. 리콴유 정권이 제공한 당근은 너무나도 달콤한 것이어
서 싱가포르인들은 리콴유 없는 싱가포르를 생각조차 하지 못
하는지도 모르겠다. 리콴유가 싱가포르인들에게 선사한 '동남
아의 진주'는 리콴유의 장기집권을 가능하게 한 강력한 수단이
었다.

　강력한 당근 하나만 갖고서는 리콴유가 장기집권에 성공한
것은 아니었다. 아무리 경제적으로 살기가 좋아도 정치적인 이
유에서 정권에 도전하는 세력은 있게 마련이다. 이들에게는 리
콴유는 매서운 채찍을 내리쳤다. 세계 도처의 독재국가들이 사
용하는 탄압정책을 사용하였다. 우선 언론의 자유를 인정하지
않았고, 미디어는 완전히 정부가 장악하여 어용화하였다. 대표
적인 신문인 Straits Times는 집권당인 인민행동당의 기관지에
불과하다. 이 신문에는 일체의 정부비판은 실릴 수 없다. 정부
가 어떤 방향으로 정책을 수립해야 되지 않느냐 정도의 글은
허용되나, 직접적 비판은 허용되지 않는다. 더욱이 싱가포르
정치체제의 비판은 금기사항이다. 몇 년 전에 싱가포르 국립대

의 한 교수가 이 신문에 정부의 정책을 간접적으로 비난하는 글을 실었다. 그런데 그 교수는 곧이어 학교에서 면직되었다. 물론 파면 이유는 정부를 비난했기 때문이 아니라 학교 공금을 횡령했기 때문이라고 학교에서 발표하였다. 그러나 공금의 액수는 아주 미미한 것이었고, 그것도 복사기 사용을 불법으로 한 것이었다. 정부를 비난한 교수에게 채찍을 내리 쳐야 되는데 그 구실을 찾아 낸 것이 복사기의 불법 사용이었다. 세계 어디에서도 복사기 사용을 잘못했다고 대학교수를 파면하는 국가는 없을 것이다. 삼척동자라도 그가 정부를 비난하였기에 파직되었다고 알 수 있는 일이다. 싱가포르의 대학에 부임하는 외국인 교수들도 싱가포르 정부를 비난하지 못한다. 이들은 계약에 의해 고용기간을 정하고 채용된다. 이들이 정부를 공격하거나, 비판을 하면, 계약기간 후 재계약이 되지 않고, 학교를 떠나야 된다. 심지어 외국인들도 싱가포르에 사는 한, 싱가포르 정책이나 정치체제에 대하여 공개적인 의견을 내지 못하고 있다.

독재를 하기 위해서는 언론통제가 급선무인데, 리콴유는 철두철미하게 언론의 자유를 억압하고 있다. 국내언론들은 철두철미한 통제로 재갈을 물리고 있지만, 해외언론 매체가 문제가 될 수 있었다. 지금은 인터넷 시대라서 북한과 같은 국가를 제외하고는 국가가 인터넷을 차단하는 나라는 세상에 아무데도 없다. 그런데 인터넷이 보편화되기 전까지는 위성 TV가 해외 정보를 접할 수 있는 유일한 수단이었다. 싱가포르는 아직도

이 위성TV 시청이 허용되지 않고 있다. 그래서 싱가포르에는 접시 안테나는 설치 할 수가 없게 되어 있다. 몰래 위성 안테나를 설치 할 수 없도록 24시간 감시체제가 발동되어 있다. 만일 접시 안테나가 설치되면, 발견 되는 즉시 기동대가 수 시간 내에 출동하여 위반자를 체포하게 된다. 지금은 인터넷의 보급으로 위성TV 시청의 금지가 정보통제로서의 의의가 없지만, 아직도 접시 안테나가 금지 되어 있는 것을 보면, 싱가포르의 언론 및 정보통제가 얼마나 강압적이었나를 단적으로 나타내고 있다. 싱가포르는 정치활동을 제약하기 위해서 장외집회를 금지하고 있다. 실외에서 10인 이상이 모이는 것은 싱가포르에서는 불법이다. 만일 집회가 시위로 변질 되는 것을 원천적으로 방지하기 위해서다. 싱가포르에서는 시위라는 것을 구경조차 할 수 없는데, 그것은 아예 장외집회가 금지되었기 때문이다. 우리나라의 유신 독재 시절에도 학생들이 데모를 하였는데, 싱가포르는 10인 이상도 모이지 못하도록 함으로써 시위는 꿈도 꾸지 못하게 한 것이다. 싱가포르에 있는 한인교회에서 하루는 야외예배를 보러 공원에서 모였다고 한다. 교인들 30명이 공원에서 예배를 보고 있었는데 난데없이 경찰이 출동한 것이다. 싱가포르 법으로 금지되어 있는 장외집회를 하였기 때문이다. 한인들이 예배를 보고 있었는데, 누군가 신고를 하였던가, 아니면 비밀경찰에 의해 적발되었던 것이다. 한인들이 순수한 예배이고, 불순한 집회가 절대 아니라고 간절히 이야기해서 경찰이 철수 하였다고 한다.

독재국가에는 반드시 비밀경찰이 존재한다. 독재정권을 유지하려면, 국민들을 감시 하지 않으면 안 되는 것이다. 한국의 경우도, 거대한 비밀경찰조직이 있었는데 국정원의 전신인 중앙정보부이다. 한 외국서적에 의하면, 박정희 철권통치 시대에는 비밀요원이 수십만이 되었다고 한다. 한국에서와 마찬가지로, 싱가포르에 비밀경찰이 있다는 것을 객관적으로 입증할 근거는 없다. 그러나 싱가포르인들이 말을 함부로 못하고 긴장되어 있는 것을 보면, 비밀경찰의 존재를 감지하고도 남는다.

싱가포르 사람들이 정치에 관하여 함부로 의견을 표출하지 못하는 것은 감시체제가 있기 때문이고, 심지어는 택시에서 조차 자유스럽게 말을 할 수가 없다. 누가 비밀경찰인지를 모르기 때문이다. 우리나라의 유신체제나 전두환 시절 계엄령하의 국보위 시절과 흡사한 분위기이다. 무시무시한 공포 속에서는 주눅이 들게 마련이다. 싱가포르 사람들은 두렵기 때문에 정치에 관하여는 감히 발언을 할 수 없는 것이다.

싱가포르는 거리에 사복경찰들이 배치되어 있다. 싱가포르를 방문하는 사람들은 경찰을 구경하기가 힘들었을 것이다. 왜냐하면 다수의 경찰들이 사복을 입고 거리에 잠복근무를 서기 때문이다. 아직도 육중하게 무장한 전투경찰들이 서울 한 복판에 주둔해 있고 닭장차가 거리에 주차되어 있는 한국과는 극명한 대조를 이룬다.

싱가포르는 독재국가이면서도 전투경찰 등이 거리에 보이지 않는다. 그만큼 대외적으로 이미지 관리를 잘 하고 있는 것이다. 외국 방문객들이 보면, 독재체제인 싱가포르는 평화스러운 전원국가이고, 정작 민주주의 국가인 한국은 강압적 통치를 자행하고 있는 독재국가라고 느낄 것이다. 중무장한 경찰이 도심에 버티고 있는데 누가 한국을 민주주의 국가라고 생각하겠는가? 싱가포르는 무식하게 경찰을 무장시켜 거리에 배치하지 않아도 사회질서를 효과적으로 수립하고 있다. 길거리에서 가래침이나 휴지를 버리면 어디서인가 사복경찰이 나타나 체포된다. 싱가포르에 살고 있는 한인들이 경찰이 없다고 휴지를 함부로 버렸다가 사복경찰에게 붙잡히는 경우가 있었다고 한다. 사복경찰과 비밀경찰을 통하여 교묘히 국민을 감시하고 사회질서도 잡으면서, 또한 대외적인 국가 이미지 관리도 잘 하는 리콴유의 정치기술에 감탄하지 않을 수 없다.

싱가포르 의회는 84명으로 구성 되어 있는데 인민행동당이 절대 다수를 차지한다. 어떤 때는 82석 정도까지 여당이 점유하기도 한다. 싱가포르에도 민주주의 제도를 모방한 선거가 있다. 그런데 이것은 공산국가의 선거와 조금도 다르지 않다. 그래서 싱가포르의 총선이 있어도 어느 국가도 이를 보도하지 않는다. 그것은 북한의 선거와 조금도 다르지 않기 때문이다. 싱가포르의 총선에 대하여 보도한 한국 신문의 기사를 본 사람은 없을 것이다. 선거는 항상 인민행동당의 후보가 당선 된다. 만일 특정 선거구에서 야당이 당선되면 그 지역 주민들은 혹독한 대가를 치러야 되기 때문에 반드시 인민행동당에 표를 줄 수밖에 없다.[22] 그래도 야당이 한 두석 당선이 되는데 이는

100%를 여당이 차지 할 수 없어서 정치적으로 배려하여 두어 석은 야당이 당선 되도록 한 것이다. 의회 내에서도 정부의 비판은 허용되지 않는다.

2001년 싱가포르 민주당(SDP: Singapore Democratic Party) 대표인 야당의원이 고척동 총리를 비방하여, 명예훼손으로 고소를 당한 적이 있다. 그는 고척동 총리가 국민들의 세금을 빼돌려 170억 싱가포르 달러(미화 100억 달러)를 실각한 인도네시아의 독재자 수하르토에게 꾸어 주었다고 주장하였다. 인민행동당은 결코 그러한 일이 없었다고 하였고, 야당 지도자를 명예훼손으로 고소하였다. 그는 법원에서 사과를 할 것과 정신적 손실에 대하여 배상하라는 판결을 받았다. 그는 다음 선거에서 낙선하게 되었다. 집권당에 대한 도전은 가혹하게 보복을 받는다. 어떤 경우에도 정부의 비판은 허용되지 않으며, 만약 일탈 행위가 발생하면 가혹하게 처벌하여 반항이나 저항의 싹을 잘라 버리는 것이다.

싱가포르는 리콴유 부자와 그 가족들에 의하여 장악한 국가라고 해도 과언이 아니다. 2004년 8월에 총리에 오른 리센룽이 리콴유의 장남이고, 싱가포르 최고의 국영기업이라고 할 수 있는 싱가포르 텔레콤(Sing Tel)의 CEO인 리센양은 리콴유의 차남이다. 그는 일찌감치 차기 총리 후보로 거론되고 있다. 리센

---

22) 선거구에서 여당에 대한 지지가 45-50% 이상이 되어야, 그 선거구의 국민주택 아파트의 업그레이드의 우선순위가 가게 되어 있다. 이렇게 치러지는 선거가 공정하다고 볼 수는 없다. 명백한 불공정 선거이다.

룽의 부인인 호칭(Ho Ching)은 국영금융회사인 테마섹홀딩 (Temasek Holding)의 CEO이다. 리센룽은 38세 부터 부총리 직에 있으면서, 재무장관과 중앙은행 총재를 겸임함으로써 싱 가포르의 돈줄을 쥐고 있었다. 아버지인 리콴유 밑에서 정치교 습을 받으면서 싱가포르의 2인자로서 탄탄한 기반을 쌓아 온 것이다. 리센룽은 영국의 케임브리지와 하버드에서 공부를 하 였고, 귀국하여 공군준장을 역임하였다. 리센룽은 BG Lee(리 장군)라고 불리기도 하는데, 추진력이 대단하다고 정평이 나있 다. 그는 영어, 중국어, 러시아어 등 5개 국어에 능통하며, 싱 가포르 경제의 총책임자로서 막강한 권력을 소지하고 있다.

그는 2004년 8월 12일에 정식으로 총리 직에 올랐는데, 요 직인 재무장관은 당분간 겸임하기로 하였다고 한다. 리콴유의 차남인 리센양은 영국 케임브리지에서 통신 및 정보과학을 공 부하고, 귀국하여 공군준장을 지냈다. 그 후, 싱가포르 텔레콤 (Sing Tel)에 들어가 싱가포르 21세기형 국가사업으로 추진중 인 '싱가포르 원(Singapore One)'을 진두지휘 하였다. 그는 리 센룽 다음에 총리가 될 것으로 전망되고 있다. 싱가포르 독재 정권은 족벌체제에 의한 세습권력이며, 1당 독재체제이다. 족 벌독재 체제를 은폐시키고 미화하기 위해 리콴유는 고도의 위 장술을 발휘하였다. 그는 절대 권력자이지만, 자신을 우상화하 지 않았다. 싱가포르의 대외적 이미지를 좋게 하기 위해서였 다. 지구상의 대부분의 독재자들은 자신의 우상화를 시도하였 다. 심지어 박정희 정권도 유신시절 박정희를 우상화하려고 하였다. 그런데 45년 넘도록 독재정권이 지속되는 싱가포르에서는 리콴유 개인의 우상화가 시도된 적이 없다.[23] 오히려, 겉으로는 리콴유의 존재를 드러 내지 않으려고 노력하는 듯했다. 대외적으로는 리콴유가 퇴임하여 정치적 실권이 없고, 싱가포르 정부는 민주적으로 운영되고 있다는 인식을 주기 위해서이다. 싱가포르에 가면, 정작 리콴유의 사진을 구경하기가 힘들다. 물론 그의 동상은 존재하지도 않는다. 관공서나 공공장소에는 나단 대통령 부처의 사진만이 걸려 있을 뿐이다. 독립기념일 같은 국경일 행사에도 의전상 리콴유의 서열은 3위정도밖에 되지 않는다. 정치적 실권이 없는 대통령이 서열 1위이고, 정권의 얼굴마담격인 고척동 총리가 2위, 그 다음이 실권자인 리콴유가 된다. 리콴유는 이러한 이미지 공작으로 싱가포르가 독재국가라는 것을 최대한 은폐하고 있다. 정치 10단인 리콴유의 고도의 정치수완이라고 볼 수 있다. 그는 원만한 외교관계를 통하여 싱가포르의 대외적 이미지를 좋게 유지하고 있다. 미국 등 강대국들은 자신들과 우호적 관계가 있는 국가의 인권문제를 거론하지 않고 있다.

싱가포르가 미국에 군사기지를 제공하고 있는 한, 미국이 싱가포르 내정에 간섭하지 않을 것으로 보인다. 미국이 클린턴 정부시절 외교관계가 악화된 말레이시아에게 정치적 압력을

---

23) 리콴유는 실용주의자이기 때문에 유명무실한 자리나 타이틀에도 전혀 관심이 없다. 그가 UN 사무총장 후보로 거론된 적이 있으나, 고사하였다. 리콴유는 실질적인 권력 외에는 다른 곳에는 큰 관심이 없는 듯하다.

가한 적이 있다. 말레이시아의 마하티르 독재정권이 정적을 구속하는 등 인권탄압을 자행했다는 것이다. 그러나 더 강력한 독재정권인 리콴유 정부에 대하여는 미국이 독재를 빌미삼아 어떠한 시비도 벌인 일이 없다. 싱가포르가 미국과 돈독한 외교관계를 유지하게 된다면, 리콴유의 독재는 대외적으로는 큰 문제가 없는 것이다. 평화스러운 전원도시를 방문한 외국인들은 싱가포르가 지독한 세습체제의 독재국가라는 사실을 상상조차 할 수 없다. 경찰이 보이지도 않는 평화스러운 거리와 질서 있는 모습에서 리씨왕조의 실체를 발견하는 것은 불가능할 것이다.

　더구나, 이미지 공작의 성공으로 싱가포르는 살기 좋고 경쟁력 있는 국가로 홍보 되어 있다. 한국의 미디어만 해도 싱가포르를 보도 할 때, 긍정적인 면만 부각시키고 있다. 그렇기 때문에 외부에는 싱가포르의 어두운 권부는 철저히 은폐되어 있는 것이다. 리콴유 정권에게는 아시아 국가들의 민주화가 그들의 정권유지를 위해 걸림돌이 되고 있다. 우선 독재국가였다가 민주화된 한국을 곱게 보고 있지 않다. 그들은 한국이 민주화가 된 다음에 겪는 후유증에 주목하고 있으며, 그들의 독재를 합리화하는데 한국사례를 사용하고자 하는 것이다. 1989년 베이징의 천안문 사태도 싱가포르에게는 아주 민감한 사항이다. 천안문 사태는 중국의 대학생들이 자유의 여신상을 들고 민주화를 요구하며 시위를 벌인 사건이다. 중국정부는 공산독재 정권을 유지하기 위해서 수천 명의 학생들을 학살하며 잔인하게 시위를 진압하였다. 리콴유는 시위진압을 지지하며, 오히려 민주화를 요구한 학생들을 맹비난하였다. 경제성장을 위해서는 서구식 민주주의는 유보 되어야 한다는 것이 그의 지론이다. 그는 민주주의의 가치를 평가절하 하며, 경제적 성장을 위해서는 기본권이 제약되는 것은 당연하다고 주장한다. 1970년대, 한국의 유신정권이 주창했던 한국적 민주주의와 일맥상통한다. 서구식 민주주의는 우리 실정에 맞지 않으니까, 우리 몸에 맞는 민주주의를 한국 땅에 정착해야 된다는 것이 한국적 민주주의의 기본 취지이다. 이는 국민의 기본권리와 자유를 억제하고, 고도의 경제성장을 먼저 이루자는 것이다. 결국 박정희의 장기집권을 정당화하는 이념적 수단이었다. 싱가포르는 아직도 한국의 유신시대에 머물고 있는 중이다.

2. 용병들이 이룩한 경제성장: 싱가포르 신화의 거품

싱가포르의 1인당 국민소득은 대단히 높다. 그래서 싱가포르를 유럽의 강소국인 스위스나 핀란드와 같은 복지국가처럼 국민들이 풍요로운 삶을 누리고 있다고 착각하기 쉽다. 싱가포르의 경제지표는 대폭 평가절하를 해야 된다. 그 이유는 싱가포르의 고소득에는 상당한 거품이 있고, 복지부문이 무척 열악하기 때문이다. 싱가포르의 성장은 다국적기업의 투자와 해외인력에 지나치게 의존하였다. 이는 초고속 성장을 가장 손쉽게 달성할 수 있는 방법이었고, 독재정권의 장기집권을 정당화 하는 효과적인 수단이었다. 적도의 기적을 가져온 싱가포르 경제성장의 비결은 매우 단순하다. 외국기업을 유치하여, 이를 통하여 수출을 하게하고 싱가포르인들을 취업시켜 고용을 증대시키는 것이다. 다국적기업들이 싱가포르를 투자지로 선호하였기 때문에 싱가포르는 고도성장을 할 수 있었고, 수치상으로는 선진국으로 부상한 것이다. 그런데 싱가포르는 주력산업도 없고, 국내의 축적된 기술도 전무하다. 다만, 외국의 투자에 의존하여 적도의 기적을 이룬 것이다. 다국적기업이 싱가포르 전체

고용의 52%를 차지하고 있고, 싱가포르 GDP의 35%를 점유
하고 있다. 따라서 싱가포르 경제는 지나치게 대외 의존적인
기형이라고 할 수 있다. 싱가포르 경제가 외형적으로는 화려해
보이는 것 같으나, 실제로는 매우 취약한 구조를 갖고 있다.
만일, 외국자본이 일거에 철수를 하면, 싱가포르는 하루아침에
무너지고 말 것이다. 사실, 싱가포르 경제는 외국자본에 사활
이 달려 있기 때문에, 매우 불안정하고, 위험한 상태라고 할
수 있다.

싱가포르는 민간자본의 축적과 국내 기업에 의한 생산 활동
에 의해서 경제성장을 이룩한 것이 아니었다. 물론 현대사회에
서 가장 중요한 경쟁력의 원천이라고 할 수 있는 기술의 축적
은 거의 이루어지지 않은 상태이다. 싱가포르의 경제성장은 정
도를 벗어나 극히 특수한 구조로 달성된 것이다. 싱가포르의 경
제성장은 외국자본 드라이브에 의한 무임승차와 같은 것이다.
경제의 견인차라고 할 수 있는 민간기업의 발전이 전혀 이루어
지지 못했다. 싱가포르는 다국적기업들을 제외하고는 국영기업
체(Government Linked Companies)와 영세적인 화교들의 가족
기업들로 구성되어 있다. 이들은 화교 네트워크에 의하여 운영
되고 있으며 관리도 전근대적인 방법에 의존하고 있다. 이 기업
들도 아시아 환란 이후에는 근대적 경영기업을 도입하고 있는
중이라고 한다. 싱가포르에는 한국과 같은 재벌이 발전되지도
못했고, 국제 경쟁력을 갖춘 대기업이 전무하다. 대양을 운행할
수 있는 거함은 없고, 조각배들만이 있는 셈이다. 설사 싱가포

르의 토착자본에 의한 기업이 설립된다 하더라고 이를 경영할 기업가가 부족하다. 한국은 위험을 감수하며, 도전하는 기업가 정신이 잘 발달 되었다. 이를 바탕으로 우수한 기업가들이 거대 기업들을 이끌어 온 것이다. 싱가포르의 경우, 위험을 감수하며 투자를 감행할 수 있는 기업가들이 양성되지 못했다. 즉, 군대가 있어도 이를 지휘 할 장군이 없는 경우와 같다.

싱가포르인들은 위험을 몹시도 싫어하며, 현실에 안주하기를 원한다. 위험성이 없고, 확실한 일 이외는 하지 않으려는 습성이 있다. 싱가포르는 기업가가 양성되기 어려운 환경이라고 할 수 있다. 특히, 첨단산업과 같이 위험도가 큰 분야는 더욱이 싱가포르인들에게 적합하지 않다. 한국이 반도체 산업과 같은 첨단 분야에 선두주자가 될 수 있었던 것은 위험을 감수하며 도전하는 기업가 정신이 있었기 때문에 가능하였다. 싱가포르는 이러한 기업가 정신이 결여 되어 있기 때문에 경쟁력이 있는 민간기업이 발전할 수 없었던 것이다. 싱가포르인 중에서 경영자를 찾기가 힘들어서인지 싱가포르 최대은행인 DBS(Development Bank of Singapore)에 총재에 미국인 전문가가 임명된 적이 있다. 한국으로 말하면, 산업은행 총재에 외국인을 임용한 것과 마찬가지이다. 한국 같으면, 이는 국가적 이슈가 될 수도 있다. 그러나 싱가포르 사회에서는 큰 이변이 아니다. 싱가포르 내에서는 경영을 맡을 만한 인재가 절대적으로 부족한 형편이다. 그래서 고위직이나 전문직에 외국 전문가가 영입되는 것은 싱가포르에서는 당연한 일이다. 싱가포르에 진출해 있는 다국적기업들의 경영진은 물론 본국에서 파송되거나, 해외인력으로 충원된다. 그리고 연구 인력이나 고급 기술 인력도 해외에서 충원된다. 싱가포르인들은 중간관리자급이나 하위직에 머물고 있다. 고급인력을 포함한 외국인은 싱가포르 인구의 1/3을 차지하고 있다. 싱가포르의 상공부(Ministry of Trade and Industry)에 의하면, 외국인 인력의 경제성장에 대한 기여도가 37%에 달한다고 한다. 리콴유도 싱가포르 신문과의 인터뷰에서 오늘의 싱가포르가 있게 된 것은 외국인 인력이었다고 고백한 적이 있다. 그는 경제의 파이(pie)를 키우기 위해서는 외국 인력의 활용이 불가피했다고 했다.24) 싱가포르의 상공부도 해외고급두뇌는 싱가포르의 경제와 분리될 수 없는 존재라고 공언하기도 하였다. 싱가포르의 외국인 인력 대한 의존도가 이제 돌이킬 수 없는 지경에까지 다다른 것이다.

오랜 식민지 생활에서 유래된 문화인지는 모르지만, 외국에 의존하여 무사안일하게 지내려는 싱가포르의 풍토는 경제의 대외종속을 더욱 공고히 하였다고 본다. 싱가포르는 그 동안 고도의 성장을 거듭해 왔지만, 싱가포르 자본과 기술에 의해 이룩된 이렇다할만한 주력산업이 없다. 외국자본이 썰물처럼 빠져 나가면, 싱가포르 경제의 거품은 순식간에 꺼질 것이다.

---

24) 리콴유는 자신의 정치적 목표를 위해서 외국자본과 외국 인력을 유입시켰다고 보아야 한다. 그의 장기집권과 독재 권력의 확립을 위해서는 이 방법이 가장 손쉽고 용이하기 때문이다. 외자유치를 통한 경제성장은 위험도가 낮다. 확실하게 고도성장이 보장되는 길이다. 그는 다국적기업의 투자와 해외인력에 의존하는 방법으로 경제적 성공을 거두어, 자신의 장기집권을 정당화 할 수 있는 터전을 마련하였다.

싱가포르의 앞날은 더 이상 장미 빛이 아니다. 벌써부터 빨간 불이 켜져 있었다. 몇 년 전부터 싱가포르에서 다국적기업들이 떠나고 있는데, 오랫동안 우려했던 일이 벌어지고 있는 것이다. GM, 필립스, 하니웰(Honeywell) 같은 굴지의 다국적 기업들은 싱가포르에 지역본부를 두고 있었는데, 상해와 홍콩으로 본부를 옮겼다. 세계1위의 선박회사인 덴마크의 머스크씨랜드(Maersk Sealand)는 아시아의 허브를 싱가포르에서 말레이시아의 탄중펠레레파스(Tanjung Pelepas)항으로 이전하였다. 대만의 대표적인 선박회사인 에버그린(Evergreen)도 허브를 싱가포르에서 말레이시아의 탄중펠레파스로 옮긴 바 있다. 전자산업의 침체는 싱가포르에게 큰 타격을 안겨다 주었다. 싱가포르의 전자산업은 물론 토착자본에 의해서가 아니고 다국적기업의 투자로 발전된 것이다.

전자산업은 싱가포르 GDP의 15%이상을 차지하고 있었다. 2000년을 기준으로 전자산업이 제조업 생산에서 47.8%, 비석유부문 수출의 65.8%를 점유하고 있다. 그런데 90년대 중반부터 세계적으로 가전제품에 대한 수요가 감소하기 시작하자 싱가포르 전자산업은 직격탄을 맞았다. 다국적기업들은 싱가포르의 생산기지에서 생산을 줄이거나 중국 등지로 생산거점을 영구히 옮기기 시작한 것이다. 다국적기업들은 이제 싱가포르에서의 생산이 경제적이 아니라는 결론을 내리고 있다. 말레이시아의 페낭(Penang)이나 중국에 공장을 세우면, 싱가포르에서 생산을 하는 비용의 1/40 밖에 들지 않는다고 한다. 많은 전자회사들이 싱가포르를 외면하고 떠나갔다. 많은 다국적기업들은 싱가포르의 고임금에 몸살을 앓고 있다. 상대적으로 싱가포르의 임금이 터무니없이 높기 때문에 다국적기업들은 말레이시아와 같은 임금이 아주 저렴하면서 인프라가 어느 정도 갖추어진 국가로 생산지를 이전할 움직임이다. 외국투자에 의존하여 동남아의 진주로 부상한 싱가포르에게는 현재의 상황이 사면초가나 다름이 없다고 본다.

싱가포르의 초고속성장은 구조적으로 태생적 한계를 지니고 있었다. 이는 짧은 시일 내에 유럽의 최빈국에서 가장 부유한 부상한 아일랜드 사례의 복사판이다. 19세기 100만 명이 아사할 정도로 가난하였던 아일랜드는 20세기에 들어서도 아무 희망이 없는 땅이었다. 살 길을 찾아서 너도나도 이민을 갈 뿐이었다. 그런데 최근 아일랜드는 외자유치 정책으로 고도의 경제성장을 이룩하여 아일랜드의 기적을 일으켰다. 그런데 아일랜드의 성장은 싱가포르의 경우와 같이 유명무실한 것이었다. 자국의 탄탄한 기술력을 갖춘 기업들에 의해 주도된 성장이 아니라, 전적으로 다국적기업을 유치하고, 그 결과 고용창출을 하여 얻어낸 성과였다. 아일랜드는 축적된 자본도 기술도 경영노하우도 없이, 외자유치로 단숨에 부유한 나라가 되었다. 그러나 그것은 사상누각이 아닐 수 없다. 다국적기업의 투자조건으로 아일랜드는 최적이었다. 하지만, 상대적으로 더 좋은 생산입지가 있으면, 다국적기업은 언제든지 생산기지를 옮길 수 있는 것이다. 이는 글로벌 시장경제의 원리인 것이다. 아일랜드도 싱가포르와 같은 고민에 빠져 있다. 아일랜드의 임금이 상승하자, 다국적기업들이 생산기지를 이전하기 시작한 것이다. 싱가포르의 경우, 비정상적인 경제체제에서 오랜 시간 번영을 누린 것이고, 언젠가는 닥칠 문제가 이제야 닥친 것이다.

싱가포르 경제의 큰 고민은 무엇보다도 싱가포르 자본과 기술에 의해 설립된 경쟁력 있는 기업이 전무하다는 것이다. 지식정보사회에서 자본보다도 중요한 자원이 기술과 경영 노하우이다. 싱가포르가 외자유치로 외환보유고는 많을지 모르나, 정작 가장 중요한 자산인 지적인 자산은 소유하지 못한 것이다. 싱가포르는 마땅한 주력산업이 없다 보니, 외자가 빠져 나가자 당장 실업문제에 부딪히게 되었다. 그 동안 전자, 석유화학 등 특정산업 위주로 경제가 발전하고 수출을 해 왔는데, 이 분야의 다국적 기업들이 생산기지를 이전하자 싱가포르는 젖줄을 잃은 셈이 되었다. 직장이 줄어들자 실업은 늘어났고, 빈부의 격차가 벌어지고 있는 중이다.

이러한 난국을 타개하기 위하여, 신임 리센룽 총리는 법인세와 소득세를 인하하고, 인적자원을 적극적으로 개발하며, 정보통신 산업 및 서비스 분야의 창업우대 정책을 펴기로 하였다. 이는 싱가포르의 경제구조를 바꾸는 일이라서 단시일 내에 경제문제를 해결하기는 어려울 것으로 보인다. 오랫동안 외국에 의존하여 생존한 경제구조를 자립형 경제로 전환하는 일은 무척 어려울 것으로 보인다. 외국기업에 의존하여 편안히 살려고 하였던 싱가포르인들의 의식구조가 변하지 않는 한 가능하지 않다고 본다.

싱가포르인들은 위험을 회피하고, 도전정신이 없으며 목전의 이익을 추구해 왔다.[25] 내적 성장 동력이 없이 다국적기업에 의한 무임승차로 고도의 성장을 누렸던 싱가포르는 과거의 발전 패러다임을 버려야 할 것이다. 시민들의 의식구조를 바꾸는 일이 무엇보다도 시급하지만, 이는 그들이 문화에서 나오는 것이므로 실행하기는 어려울 것이다.

오랜 식민지 생활의 여파로 그들은 자주정신이 매우 희박하다. 놀라운 것은 싱가포르인들은 영국에 백 년이 넘도록 지배를 당했지만, 영국에 대한 반감이 조금도 없고 오히려 식민통치를 한 영국에 고마워하고 있다. 따라서 외국기업이 싱가포르 경제를 장악하고, 심지어 국영은행의 총재에 서양인이 영입되어도 어떠한 거부반응이 없다. 오히려 높은 자리를 서양인이 차지하는 것은 그들에게 당연한 것인지 모른다. 그들의 이러한 사대적인 자세가 싱가포르의 자립을 가로 막고 있다고 보아야 할 것이다. 싱가포르는 영연방에 들어가기를 원했는데 뜻을 이루지 못했다. 그들은 아직도 영국을 종주국으로 여기고 있다. 영국과 브라질이 축구를 하면, 싱가포르인들은 영국을 자기 나라와 같이 응원한다. 그들은 한국이 식민통치를 한 일본에 대

---

25) 싱가포르인들은 목적의 이익만을 추구하다 보니 이직률이 아주 높다. 매년 직장을 옮기는 사람들도 적지 않다. 1달러라고 더 주는 회사가 있으면, 즉시로 이직을 한다고 한다. 싱가포르 신문에는 일주일 한 번은 구직광고가 실리는데, 이를 보고 항상 새로운 직장을 검색하고 있다. 한국기업의 싱가포르 지사들이 싱가포르인들을 고용했다가 높은 이직률로 많은 상당한 어려움을 겪는다고 한다.

해 반감을 갖는 것을 조금도 이해하지 못한다. 더욱이 일본 교과서의 역사왜곡 등에 한국인들이 분노를 느끼는 것이 이들에게는 터무니없게 보이는 것이다. 싱가포르도 2차 대전 중 일본의 지배 하에 있었다. 그러나 싱가포르인들은 일본군이 싱가포르를 점령한 사실에 어떠한 반감도 없다. 그들이 가장 선호하는 백화점은 일본계 다카시마야이다. 일본 자본이 싱가포르에 많이 들어와 있어서 오히려 일본에 고마워 할 뿐이다.

식민지 문화에 길들여진 싱가포르인들은 역사관이나 사회정의 등에 대한 개념이 거의 없다. 목전의 이익이 충족되고, 경제적 안정이 있으면 그만이다. 정치, 사회문제에는 관심이 없다. 그래서 독재정치가 용이했는지도 모른다. 물론 감시와 탄압이 심하여 저항하기가 불가능했었을 것이다. 삼엄한 감시와 가혹한 탄압은 마치 용수철이 심한 압력을 받으면 탄성을 영원히 잃듯이 독재에 항거할 최소한의 저항력도 상실했는지도 모른다. 그러나 싱가포르인들의 문화풍토로는 사회정의를 위해 시민들이 압제에 저항하는 것은 상상조차 하기 힘들다. 리콴유가 던져주는 당근으로 배가 부르면, 싱가포르인들은 조용한 것이다. 이러한 문화의 최대 수익자는 리콴유 정권이라고 본다.

싱가포르는 다른 지역보다 독재와 장기집권을 하기가 상대적으로 쉬운 국가이다. 물론 식민통치를 하기에도 좋은 곳이다. 식민통치를 당한 것을 수치로 여기지 않는 싱가포르인들은 자립이라는 것이 어떤 의미인지를 모른다고 할 수 있다. 식민지 근성을 제거하지 않는 한, 싱가포르인들은 외국자본에 기대어 쉽게 편안히 돈을 벌며 안주하는 것을 선호할 것이다. 위험을 감수하고 도전을 해 보는 개척정신은 식민지 근성을 벗어날 수 있을 때나 가능하리라고 본다.

싱가포르는 소득수준에 비하여 복지가 매우 열악하다. 한국은 건강보험이 보편화 되어 있다. 물론 한국의 보험은 만족할 만한 수준은 아니다. 비싼 검사비가 보험으로 처리되지 않는 것이 아쉬운 점이지만, 수술을 한다든가 입원을 할 경우에는 상당히 도움이 된다. 미국만 해도 중산층이 의료보험 들기가 버거울 정도임을 감안하면, 한국의 건강보험은 반쪽의 성공은 거둔 셈이라고 본다. 그런데 한국의 1인당 국민소득의 2배가 넘는 싱가포르는 의료보험의 사각지대이다. 한국과 같은 국민건강보험이 없고, 제대로 된 보험은 비싸서 서민들이 구입할 수가 없는 정도이다. 싱가포르에 근무하는 한국회사의 주재원들도 보험이 없는 경우가 대부분이다. 기본적인 보험은 저렴하지만, 특정한 병이 걸리지 않는 한 보험금을 탈 수 없다. 그래서 이러한 보험은 가입을 했어도, 보험혜택을 거의 받을 수 없는 것이다. 그래서 일단 병원신세를 지게 되면, 엄청난 경제적 손실을 입게 된다. 한국산업은행의 싱가포르지점에 근무하는 직원이 병원에서 낭패를 당한 이야기를 들은 적이 있다. 부인이 아파서 응급실에 가서 4시간 정도 치료를 받았다고 한다. 물론 의료보험은 갖고 있지 않았는데, 진료비가 나왔는데 천문학적 숫자였다. 한국 돈으로 300만원 정도였는데, 그 달 월급은 고스란히 병원에 헌납한 셈이었다. 병원비는 한국과 비교하면 상상을 초월할 정도로 비싸다. 싱가포르 사람들은 보험의 사각지대에서 중병이 나면 모든 것을 잃게 된다. 의료보험이 제구실을 하지 못하기 때문이다. 부유층이 아닌 경우, 암과 같은 병에 걸리면, 국민주택인 아파트를 처분해야 될 정도라고 한다. 따라서 죽을 때는 일생동안 벌어서 마련한 집을 고스란히 반납하고 세상을 떠나는 셈이 된다. 심각한 의료보험의 문제에 대하여는 싱가포르 신문에서도 거론된 바 있다. 정부에서 좀 더 의료분야에 투자를 해서 보험문제를 해결해야 된다는 것이었다.

싱가포르에서는 언론이 통제되고 있고, 정부에 대한 비판이 금지 되어 있지만, 이 정도의 이슈제기는 허용되고 있다. 어느 정도의 비판은 있어야 민주국가처럼 보일 수 있어서인지 모르겠다. 싱가포르의 권위주의적 정권은 국민들에게 최소한의 당근을 제공하는 것 이상으로는 돈을 쓰지 않고 있다. 싱가포르 정부는 국민들의 강제저축으로 축적된 자금으로 해외에 투자는 하지만, 정작 국민을 위한 복지나 의료부문에 대한 투자에는 무척 인색하다. 국민들이 주권을 갖는 민주국가에서는 이러한 일은 결코 벌어질 수 없다. 국민들이 힘이 없어 정부를 교체할 수 없기 때문에 싱가포르의 집권세력은 국민들의 요구에 귀를 기울일 필요가 없는 것이다.

싱가포르에는 CPF라는 연금제도가 있으나, 이는 명목상 노후연금이고 실제로는 복지혜택을 기대할 수 없다. 한국의 국민연금이 제 구실을 못하는 것이나 매한가지이다. 싱가포르 저축률은 세계 최고이다. 물론 강제저축이기 때문에 저축률이 높을 수밖에 없다. CPF에 적립된 돈은 국민주택(HDB)을 구입할 때 사용된다고 한다. 그렇지만, 이 연금이 노후에 안락한 생활을 보장해 주지는 못하고 있다. 직장에서 은퇴한 퇴직자들은 노후 자금이 없어서 유일한 재산인 집을 파는 경우가 많다. 그럴 경우, 자녀들이 집으로 가서 같이 살기도 한다. 싱가포르에는 세계에서 유일무이한 '효도법'이 있다. 얼핏 생각하면 유교적 아시아적 가치를 잘 실현하는 나라라는 생각이 들지 모른다. 그러나 이는 실상 싱가포르의 노인복지가 얼마나 허술한지를 잘 말 해 주는 것이다. 그리고 유교적인 가치가 너무 없어서 효도가 실종된 상태이기 때문에 법을 통해 강제로 부모를 봉양하게 하는 것이다. 이 법은 94년에 제정되어 시행 된 지 10년이나 되었다. '효도법'에 의하면, 경제력이 있는 자녀가 부모를 부양하지 않을 때, 부모가 자녀들을 고소할 수 있다. 싱가포르 정부는 노후대책을 자녀에게 강제로 떠안게 한 것이다. 이 법이 시행된 지 3년 만에 소송이 100건을 넘어섰다. 즉, 생활비를 제공하지 않는 자녀들을 상대로 부모가 고소를 한 것이다. 싱가포르는 부모 자식간에 소송이 제기 되는 메마르고 살벌한 사회가 되었다.

싱가포르 같은 고소득 국가에서는 당연히 국가가 노인복지를 부담하는 것이 당연하다. 그러나 싱가포르의 경우, 정부가 그 책임을 강제로 자녀들에게 떠넘기었다. 국가의 돈을 복지에는 투자하지 않겠다는 말이다. 싱가포르가 고소득 국가로 스스로 선진국이라고 자부하고 있지만, 복지에 있어서는 한국과 별로 다른 것이 없다. 의료보험에 있어서는 싱가포르는 한국보다 훨씬 뒤져 있다. 싱가포르의 국민소득에는 이와 같이 거품이 많이 있다고 보아야 한다. 한국에서는 싱가포르가 엄청나게 잘 사는 나라로 인식되고 있다. 그러나 대부분의 서민들은 집을 갖고 있고, 기본적인 생활을 안정되게 하는 정도이다. 그들의 삶이 우리들이 생각하는 선진국 수준의 풍요로운 생활이라고 생각하면 큰 오산이다. 일반 서민들이 집을 소유할 수 있다고 하더라도, 이를 퇴직 후에까지 유지하기는 힘든 것이다. 사회 안전망의 부족과 의료보험이 부실하여, 늙어서는 일평생 벌어서 모은 재산을 모두 잃어버릴 수 있는 것이다. 싱가포르의 국민소득이 상당히 높은 것은 사실이지만, 이런 점을 감안 한다면, 결코 선진국의 범주에 들어 갈 수 없다고 본다. 싱가포르는 오래 전부터 부자들이 모임인 OECD(Organization for Economic Cooperation and Development)에 들어가려고 했다. 그러나 싱가포르의 가입은 거절 되었다. 한국은 이미 국민소득 1만 달러를 달성한 1996년에 가입에 성공하였다. 싱가포르가 국민소득이라는 수치에서는 선진국 수준이지만, 모든 지표를 감안 할 때, 선진국으로 인정 될 수 없었기 때문에 가입이 거절된 것이다.

쿠웨이트 같은 오일국가도 1인당 국민소득은 무척 높다. 하지만, 석유만 가지고 있었지, 국가의 지적수준이나 과학기술 수준이 무척 낮기 때문에 쿠웨이트를 선진국으로 분류할 수 없는 것이다. 싱가포르도 마찬가지이다. 다국적기업에 의하여 유치된 외자 외에는 싱가포르가 내세울 것이 전혀 없다. 물론 행정시스템이 잘 정비되어 있어서 국가경쟁력 평가에서 선두를 달리고 있지만, 지식수준, 과학기술수준 등을 종합평가 하면 선진국 문턱에도 갈 수 없는 나라이다. 더군다나 정치 시스템은 1당 독재세습체제여서 도저히 선진국으로 볼 수는 없다. OECD 국가에 들어가려면 정치가 선진화 되어 있어야 된다. 중국이 초고속 성장을 거듭하고 있어도 민주화가 이루어지지 않으면 OECD에는 영원히 가입하지 못할 것이다.

싱가포르의 전망은 장밋빛이 아니라, 매우 어둡다고 본다. 싱가포르 신화의 젖줄이었던 다국적기업들이 속속 떠나가고 있다. 그리고 싱가포르가 지니고 있었던 항구로서의 메리트가 급격히 퇴색하고 있다. 리콴유도 싱가포르가 50년 후에도 독립국가로 존속할 수 있을 지는 의문이라고 공언한 적이 있다. 앞으로 싱가포르의 경제력이 쇠퇴하면, 인도네시아와 같은 주변의 거대한 국가에게 정치적으로 병합되지 말라는 법이 없다. 물론 싱가포르는 이런 일이 발생하지 않도록 최대한 몸부림을 칠 것이다. 항구나 공항으로서의 싱가포르 가치가 점점 떨어지고 있는데, 이는 다국적기업의 엑서더스와 함께 싱가포르를 무척 곤혹스럽게 만들고 있다. 과거에는 싱가포르가 교통의 중심지이었기 때문에 자연히 중계 무역항이 될 수 있었다. 그래서 식민지 시절에도 주변국보다 경제적으로 부유할 수 있었다. 그야말로 싱가포르는 물류의 허브였다. 그런데 요즘, 기술의 발달로 싱가포르의 허브로서 중요성이 감소하고 있다. 과거에는 인도양에서 태평양으로 가는 배들은 주유를 위해서라도 꼭 싱가포르에 들러야 했다. 그러나 지금은 기술의 발달로 배가 직접 통과할 수 있게 되었다. 그리고 얼마 전까지만 해도 싱가포르의 항구는 첨단정보 시설로 세계 최고의 항구로 평가 받았으나, 지금은 말레이시아의 탄중펠레파스가 싱가포르에 못지않은 시설을 갖추게 되었다. 싱가포르 항구가 과거에 누렸던 독점적 지위를 상실해 가고 있다. 항구가 갖는 메리트는 싱가포르 경제의 기초체력에 버금간다. 싱가포르는 이를 기반으로 외국자본을 유치하여 경제번영에 성공을 거둔 것이다. 물류 중심지로서의 지위는 경제의 최후의 보루인 것이다. 싱가포르 경제는 큰 돌파구가 없다면, 장차 위기에 처할 수 있을지도 모른다. 돌파구의 하나로 싱가포르 정부는 생명과학산업을 적극적으로 육성하고 있는 중이다. 이에 대하여는 뒷장에서 자세히 다루도록 하겠다. 싱가포르가 조그만 도시국가로서 갖는 취약점은 식수를 외부에서 공급받고 있다는 것이다. 송수관을 통해서 말레이시아에서 식수를 받아쓰고 있다. 식수공급은 말레이시아 정부와 계약으로 물의 가격과 공급량을 정하고 있다. 국가의 생사가 달려 있는 물 공급의 계약에는 항상 실권자인 리콴유가 나섰다. 말레이시아 총리였던 마하티르도 리콴유가 아니면 협상에 나서지를 않았다고 한다. 리콴유의 능수능란한 외교술로 현재까지는 싱가포르가 말레이시아와 어떠한 외교적 마찰을 빚지는 않았다.

그런데 만일 말레이시아와 분쟁이 발생할 경우, 물은 싱가포르에 대한 말레이시아의 무기로 돌변할 수 있는 것이다. 싱가포르 지도자의 외교적 역량이 떨어질 때, 언제고 싱가포르는 국가위기에 직면할 수 있다. 싱가포르가 겉으로는 매우 화려해 보여도, 보이지 않는 내면에는 취약한 구석이 한두 군데가 아니다. 외유내강(外柔內剛)이 아닌 외강내유(外剛內柔)가 아닌가 한다.

3. 가부장적 권위주의 사회:
아직도 곤장을 때리는 나라

싱가포르 하면, 우선 질서 있고 깨끗한 나라라는 이미지가 먼저 떠오른다. 이러한 사회질서는 어떻게 형성된 것인가? 높은 시민정신에 의해서인가 또는 철저한 통제에 의해서 이루어진 것인가? 아시아에서 싱가포르와 버금가는 깨끗하고 질서 있는 국가는 일본이다. 일본은 국가질서를 바로 잡기 위해 정부가 나선 일이 없다. 다만, 일본의 문화가 깨끗하고 질서 있는 일본의 거리를 만든 것이다. 이는 문화 속에서 우러나온 높은 시민의식이 빚어낸 결과라고 볼 수 있다. 도쿄의 거리는 깨끗하기로 소문이 나 있다. 휴지가 길거리에 떨어져 있으면 시민들이 자발적으로 휴지를 줍는다. 휴지를 수거할 봉지를 주머니에 휴대하는 일본인들도 많다고 한다. 일본문화는 남에게 피해를 입히지 않는 것을 무척 중요하게 생각한다. 그래서 자연히 사회질서 의식이 높을 수밖에 없다. 싱가포르의 경우는, 시민의식과 전혀 관계가 없다. 엄한 통제에 의해서 이루어진 강요된 질서이다. 이 조작된 질서는 통제가 느슨해지면, 곧바로 붕괴된다. 싱가포르의 거리가 깨끗한 것은 정부의 엄격하고,

치밀한 통제를 하였기 때문이다. 싱가포르의 거리가 깨끗한 것은 시민들이 휴지를 버리지 않아서가 아니라, 외국인 노동자들을 고용하여 끊임없이 거리를 청소하고 있기 때문이다. 이들은 스리랑카 등지에서 채용한 저임금 노동인력이다. 외국인들이 왕래가 빈번한 도심에는 어느 지역보다 청소가 잘 되어 있다. 외국 방문객들은 주로 도심이 체류하는데, 도심의 깨끗한 거리의 이미지를 간직한 채 돌아가게 된다. 이들에게 싱가포르는 언제나 깨끗한 도시라는 이미지가 각인될 것이다. 그러나 변두리 지역은 도심보다는 깨끗하지 못하고, 휴지도 많이 돌아다닌다. 이 지역은 방문객이나 관광객들의 발걸음이 뜸한 곳이기도 하다. 그래서 그런지 도심같이 청소를 하지는 않고 있다. 그러한 지역은 보통국가들이 거리와 다름이 없다. 이는 외국 방문객들에게 싱가포르의 아름다운 이미지를 심어 주려는 국가 인테리어 전략이라고 볼 수 있다. 사회질서와 깨끗한 거리를 유지하기 위해서는 시민정신이 낮은 국민들을 엄격히 통제 할 필요가 있다. 즉, 행정력을 동원하여 질서를 지키지 않는 시민들을 엄히 다스리는 것이다. 유교의 엄한 가부장이 대가족들을 엄하게 다스리는 것과 유사한 것이다.

싱가포르의 가부장은 싱가포르 정부이고, 더 정확히 말하면 리콴유이다. 유교사회의 대가족 제도 하에서 가부장의 지시나 가정의 규율을 어기면 엄한 벌을 받는다. 가족 구성원들은 징계권을 가지고 있는 가부장을 두려워 할 수밖에 없고, 그의 명령에 절대 복종하지 않으면 안 되었다. 가부장의 말에 순종하지 않으면, 매를 맞게 되어 있다. 엄한 가부장이 다스리는 가족사회는 질서가 정연하다. 가족들은 가부장이 무서워서 질서를 지키지 않을 수 없었다. 싱가포르 시민들은 사복경찰의 감시와 혹독한 처벌이 무서워 강제된 질서에 복종할 수밖에 없다. 거리에 파다하게 깔린 사복경찰이 두려워서 휴지를 버릴 수 없고, 교통법규를 지키지 않을 수 없는 것이다. 만에 하나 적발되면, 혹독한 벌금형에 처해 진다. 죄질이 나쁜 경범죄는 태형에 처해 지기도 한다. 한국에서는 곤장을 치는 것은 사극에서나 볼 수 있다. 21세기에 곤장으로 죄를 다스리는 국가가 있다는 것을 믿기가 어려울 것이다. 그것도 적도의 기적을 일구어 낸 아름다운 도시국가인 싱가포르에서 곤장을 친다는 것은 더욱 믿어지지 않는 일이다. 싱가포르 정부는 잘못을 저지른 시민에 대하여는 매를 쳐서 버릇을 가르치고 있다. 전 세계에서 태형이 존재하는 나라는 싱가포르 외에는 파키스탄이 있을 뿐이다. 파키스탄은 한 때는 태형을 폐지하였다가 다시 부활시켰다. 한국에는 일제시대에도 한국인에 한하여 곤장을 쳤으나, 1920년대 초에 폐지되었다.

싱가포르는 건국 이후, 계속해서 태형을 존속시키고 있다. 아직도 곤장이 존재한다는 것은 아무래도 우스꽝스러운 코미디 같다. 야만적으로 사람을 구타하는 태형이 자칭 선진국이라 자부하는 싱가포르에 엄연히 존속하고 있으니 참으로 어이가 없는 것이다. 심지어 아프리카에서도 태형이라는 것은 없다. 이는 싱가포르 사회가 얼마나 권위주의적 사회인지를 단적으로 보여 주는 것이다. 싱가포르 정부는 국민을 어린아이들로 취급하며, 버릇을 가르치고 있는 것이다. 엄한 선생님이 버릇이 없는 학생들을 회초리로 때려서 사람을 만드는 것과 같은 이치이다.

1993년 마이클 훼이 사건으로 싱가포르의 태형이 세계에 알려지게 되었다. 마이클은 미국소년이었는데, 아버지가 싱가포르에 근무하게 되자 부모를 따라 싱가포르에 가서 살게 되었다. 그는 페인트로 자동차 50대에 낙서를 한 혐의로 경찰에 체포되었다. 그의 비행에 대하여 싱가포르 법원은 곤장 6대를 선고하였다. 마이클에 어머니는 사색이 되었고, 미국정부에 도움을 요청하게 되었다. 태형의 집행은 아주 야만적이었다. 엉덩이를 완전히 드러낸 상태에서 사지가 형틀에 묶인 채로 몽동이로 볼기를 맞게 되어 있다. 조선시대의 태형집행과 똑 같다. 태형의 집행은 무술 유단자급이 시행했는데, 1대만 맞아도 살가죽이 벗겨졌다고 한다.[26] 매 맞은 상처는 일평생 간다고 한다. 미국언론들은 미국소년이 태형을 당하게 되자, 일제히 싱가포르의 태형을 전근대적인 형벌이라고 비난하기 시작했다. 미국은 그 때까지 한 번도 싱가포르에 대하여 비난을 한 적이 없었다. 싱가포르가 미국의 국익에 부합하였고, 친미정책을 펴왔기 때문이다. 그런데 미국인이 싱가포르에서 매를 맞게 되자 그들의 태도는 180도 달라졌다. 미국언론은 싱가포르는 태형을

---

26) 현재 태형의 집행은 사람이 하지 않고, 기계로 때린다고 한다.

시행하는 야만적인 나라라고 매도하였다. 당시 대통령인 클린턴까지 나서서 태형집행이 야만적이라고 공세를 퍼부었다. 클린턴이 결국 리콴유에 전화를 하여 태형집행을 중지하라고 요구하였다. 이 때, 싱가포르와 미국의 관계는 건국 이후, 최대로 악화되었다. 리콴유는 단호히 클린턴의 요구를 거절하였다. 미국인이라고 해서 싱가포르 법을 적용하지 않을 수 없다는 것이었다. 그는 원칙대로 태형이 집행될 것이라고 했다. 결국 태형은 6대에서 3대로 감형되어, 집행되었다. 리콴유도 아마 강대국의 압력을 피할 수는 없었던 것 같다. 마이클은 곤장을 맞고 나서 언론의 스포트라이트를 받았다. 매 맞은 통증은 수 일 동안 지속되었다고 한다. 미국의 한 사업가는 마이클이 맞은 몽둥이와 똑같은 매를 제작해서 시장에 내다 팔았다고 한다. 이 사건이 당시 얼마나 떠들썩하였는지 가늠하고도 남음이 있다. 미국은 인권이 존중되는 나라인데 자국민이 싱가포르에서 발가벗긴 채로 볼기를 맞았으니 미국인들의 자존심이 많이 상하였을 것이다.

현대사회에서 이렇게 야만적으로 매를 때려서 사회질서를 잡는 나라가 있다는 것이 너무나도 어처구니가 없다. 리콴유는 아시아적 가치를 내세워 싱가포르는 서구의 문화와 다르기 때문에 태형의 집행은 정당하다는 주장을 폈다. 형벌의 형태는 국가와 문화마다 다를 수 있다는 것이다. 그러면 사람을 잔인하게 고문을 하는 행위도 상황에 따라서는 정당화 될 수 있다는 말인가? 사회질서를 엄격히 한다는 명분으로 사람을 잔혹하게 매질하는 것은 분명한 인권유린이다.

싱가포르에서는 태형이 싱가포르 실정에 맞아서 합당한 것이라고 한다. 그러면, 식인종들이 인간을 살해하여 먹는 것이 식인종 사회의 기준에 타당하다고 하면, 그들의 살인행위가 용납될 수 있겠는가? 동서양을 막론하고 과거에는 형벌로서 태형이 존재하였다. 그 때는 징역형이라는 것이 없었고, 범인을 사형에 처하든지 매를 때렸다. 다만, 처벌을 할 때까지만 감옥에 가두었다. 그런데 사회가 발전함에 따라 처벌이 잔인하고 야만적인 방법에서에서 비교적 인권을 존중할 수 있는 징역형으로 바뀐 것이다. 그래서 근대에는 태형이 사라지게 된 것이다. 태형의 집행은 문화와 사회의 성격과는 아무 관계가 없다. 다만, 사회발전 단계와 연관이 있는 것이다.

싱가포르가 여전히 태형을 집행한다면, 그 사회는 수백 년 전의 전근대적 사회라고 밖에 볼 수 없다. 싱가포르인들은 수백 년 전, 엄한 가부장이 매를 들고 가족을 다스렸던 시대에 있다고 보아야 할 것이다. 철부지 아이들은 매를 맞아야 질서를 지키듯이, 지각이 없는 싱가포르 시민들은 잘못을 저지르면 호되게 맞아야 다시는 비행을 저지르지 않는다는 것이다. 싱가포르 국민들은 '맞을 짓을 했으면, 당연히 매를 맞아야한다' 는 통치논리에 오랫동안 길들여져 왔다. 국민을 철부지로 여기며, 가부장적 통치가 이루어지는 싱가포르 사회는 확실히 전근대적인 사회이다. 사회질서를 세우는 방법이 전근대적 사회와 같이 지극히 단순하고 유치하다. 싱가포르 사람들이 매 맞는 것이 두려워 법을 잘 준수하고 질서를 지킨다고 생각하니, 그들이 무척 불쌍하다는 생각이 든다. 인권유린의 대가로 사회전체가 질서를 유지하는 것이 무슨 의미가 있는 것일까? 전체주의 사회의 논리인가?

리콴유는 개인의 인권을 중요시 하지 않는다. 지나친 개인의 권리는 사회질서를 어지럽힌다는 주장을 해 왔다. 예를 들자면, 미국은 개인권리를 지나치게 소중히 여기는 국가이다. 범죄에 대한 단죄가 범죄자의 인권을 배려해서 그렇게 단호하지 못하다. 때문에 범죄가 넘쳐 나고 있다는 것이다. 미국의 경우, 인권을 좀 침해하더라도 범죄자들을 혹독하게 처벌하였다면, 최소한 범죄의 천국은 되지 않았을 것이라고 보는 것이다.

리콴유는 사회전체의 공익을 위해서는 개인의 인권과 권리가 손상되어도 무방하다는 가치관을 갖고 있다. 싱가포르는 개인의 권리와 자유가 존중되지 않는 사회이다. 국민들에게 잔혹한 매를 때려 질서를 잡는 인권사각지대라 해도 과언이 아니다. 싱가포르의 안정된 사회질서와 깨끗한 거리는 인권유린이란 아주 값비싼 대가를 치루면서 얻어진 결과이다.

싱가포르 사회는 군대와 같이 매우 엄한 사회이다. 이는 전체주의 사회의 특징이기도 하다. 형벌이 매우 혹독하고, 초범인 경우에도 조금의 관용도 베풀지 않는 것으로 유명하다. 대개 초범의 경우, 형의 집행을 유보하는 등 관대한 처분이 내려진다. 그러나 싱가포르는 초범의 경우도 엄하게 처벌된다. 싱가포르는 겉으로는 가든시티로 평화롭고 아름다워 보일지 모르나, 내면적으로는 무시무시한 공포의 국가이다. 외국인이라도 법을 위반하였을 경우, 추호도 정상 참작이 되지 않는다. 미국인 소년 마이클 훼이 사건은 그가 미국인이었기 때문에 그래도 태형이 감형될 수 있었다. 그러나 제 3세계에서 온 힘 없는 외국인들에게는 가혹한 형벌을 가한다. 불법 체류 자가 검거되면, 엄청난 인권유린을 당한다. 다른 국가들의 경우, 보통 불법 체류 자가 체포 되면, 추방하고 만다. 그러나 싱가포르는 불법 체류자의 머리를 삭발해 버리고, 재판을 하여 형벌을 가한다. 징역을 살기 전에 불법 체류 자는 발가벗긴 채로 곤장을 맞아야 한다. 그러니까, 싱가포르에서 불법 체류 자가 검거 되면, 일단 매를 맞고 징역을 산 다음에 추방되는 것이다. 몇 년 전에 필리핀 출신 가정부가 싱가포르에서 사형을 당한 일이 있었다. 살인혐의로 체포 되었는데, 진범이냐에 대하여 논란이 있었고, 필리핀 정부는 이에 대하여 강력히 항의를 하였다. 그런데 싱가포르 당국은 신속히 사형을 집행해 버렸다. 필리핀은 이에 격분하였고, 싱가포르 정부를 신랄하게 규탄하였다. 앞서도 언급을 하였지만, 싱가포르는 마약사범에 대하여는 극형에 처한다. 싱가포르 공항입구에 빨간 글씨로 "일정량의 마약을 소지하면, 사형에 처해진다." 는 경고문이 붙어 있다. 약간의 공포 분위기가 느껴지기도 한다. 마약과 관계없는 사람은 무심코 넘길 수도 있지만, 사형이라는 극단적인 처벌을 강조함으로써 공포를 조성하고 있다. 무고한 사람들까지 주눅이 들게 한다.

결과적으로 싱가포르 당국의 권위를 높이는 효과를 거두게 된다고 본다. 싱가포르는 세계에서 사형 집행률이 가장 높은 나라이다. 우리는 중국이 공개처형을 하는 등 사형을 많이 집행하는 국가라고 알고 있다. 그러나 사형을 집행하는 비율로 보면, 싱가포르가 1위이다. 세계적으로는 사형이 사라지고 있거나, 형의 집행을 유보하고 있는 추세이다. 한국도 98년 이후, 사형집행이 이루어지지 않고 있다. 실제로 사형이 없어진 것과 다름이 없다. 싱가포르는 세계적인 추세와 정반대로 가고 있다. 권위주의 체제를 유지하기 위해서는 곤장을 치고, 벌금을 가혹하게 부과하며, 과감히 사형을 시키는 살벌한 공포 분위기가 필요하기 때문이다. 이런 면에 있어서는 싱가포르는 중동의 이슬람 국가들과 별로 다를 것이 없다. 이 국가들은 처벌이 가혹하기로 유명하다. 이란의 경우, 도둑질을 하면 양 팔을 절단하는 끔직한 신체형을 받는다. 사우디아라비아는 강간범은 사형에 처한다. 가혹한 형벌은 인권유린과 함께 사회전체에 공포 분위기를 조성한다.27) 그래서인지 이슬람 국가들의 범죄는 서

---

27) 중국도 형벌이 아주 가혹하다. 강간범의 경우 사형에 처하는데 미성녀자에게도 강간범인 경우 사형이 집행된다. 중국은 범죄율이 아주 낮은 나라이다. 가혹한 형벌은 사회전체를 패닉으로 몰고 간다. 중국에서는 자전거를 많이 타는데, 여성들도 자전거를 애용한다. 그런데 자전거를 탈 때, 여성들은 치마를 입을 수가 없다. 바람에 치마가 날리면 속옷이 보이기 때문이다. 그러나 중국여자들은 치마를 입고 자전거를 탄다고 하였다. 중국이라고 해서 치마가 바람에 날리지 않는 것이 아니다. 중국남자들은 여자들의 치마가 날려 속옷이 드러나도 절대로 쳐다보지 않기 때문이다. 중국 남자들이 여자의 몸에 관심이 없어서가 아니라, 강간이나 성희롱을 할 경우 극형을 받기 때문에 공포에 질려 있어서 나타나는 현상이다. 싱가포르의 범죄율이 낮은 것

구나 미국에 비하여 월등히 낮다. 중동의 이슬람 국가들의 낮은 범죄율은 엄청난 인권유린과 국민들을 공포에 몰아넣은 대가로 얻어진 것이다. 단순히 범죄율이 낮고, 사회에 질서가 정연하다고 하여 그 사회가 살기 좋은 곳이라고 결론지을 수는 없다. 거리에 질서가 있고, 범죄율이 낮다는 결과만을 가지고 싱가포르 사회가 동남아의 진주라고 인정할 수는 없다. 그 결과를 얻기 위해서 인권이란 귀중한 가치를 무참히 짓밟았기 때문이다. 사회 안정과 범죄의 퇴치는 인권이 유린되지 않은 상태에서 이루어져야 한다. 중국, 이슬람 국가, 싱가포르가 이룩한 사회 안정과 범죄 퇴치는 균형을 잃은 가운데 성취한 것으로서, 다른 국가의 모델이 될 가치는 전혀 없다.

권위주의 사회인 싱가포르는 군대사회에 비유될 수 있다고 본다. 군대는 매우 질서정연하다. 군인들의 절도 있는 모습은 멋있고 아름답다. 군대의 질서와 일사 분란한 명령계통은 군대의 권위, 즉 엄격한 규율에 의해 수립된다. 군대의 엄한 질서는 군대의 목표를 위해서 필요한 것이다. 즉, 전쟁에 투입되어 전투를 하기 위해서는 군의 기강이 확립되어 있어야 하기 때문이다. 이를 위해, 군대에서는 개인의 권리나 자유는 최대한 억제된다. 군대의 질서 확립은 군인 개인의 권리와 인권과는 아무 관계가 없다. 그 질서체계가 겉으로는 멋이 있어 보이지만, 정작 군대 구성원의 권리와 자유는 억제된 상태이다. 그것

도 이와 같은 맥락에서 해석된다.

은 오로지 군대전체의 목표를 위해서 이룩되었을 뿐이다. 싱가
포르 사회가 군대사회에 준한다고 보는데, 깨끗한 거리를 유지
하기 위하여 껌을 판매하지 못하게 하였다. 거리를 깨끗하게
하려고 껌도 팔지 못하게 하는 나라는 지구상에 싱가포르 밖
에 없을 것이다. 거리에 껌이 묻으면 떼어 내기가 힘들어서 거
리를 깨끗이 하는데 애로사항이 많았던 모양이다. 싱가포르에
서는 1992년 껌 판매가 금지 되었다.[28] 거리를 깨끗하게 하기
위해서는 국민의 껌을 씹을 수 있는 권리정도는 무시해도 된
다고 본 것이다. 물론 국민의 껌에 대한 권리는 사소한 것이
다. 그러나 이를 무참히 짓밟을 수 있는 것은 전체주의 국가이
기 때문에 가능하다. 국민의 기본권을 무시하면서까지 유지해
야 하는 싱가포르의 깨끗한 거리는 누구를 위하여 존재하는지
모르겠다.

　과연 싱가포르 사회는 누구를 위하여 종을 울리는가? 외국
방문객에게 깨끗한 거리를 보여 주려고 국민들의 개인권리를
그토록 희생해도 되는 것인가? 이는 군대에서 마치 장군이 검
열을 온다고 하면, 사병들을 며칠씩 잠도 재우지 않으면서 군
대막사를 청소하는 것과 다름이 없다. 막사를 깨끗하게 청소하
기 위해서는 병사들이 큰 고통을 겪어야 한다. 티 없이 맑은
유리창과 윤기 나는 복도는 병사들에게 어떤 의미가 있는가?

---

28) 껌 판매는 2003년부터 재개 되었다. 싱가포르가 껌 판매를 허용한 것
　은 미국이 싱가포르와 FTA 체결을 합의하면서 미국 산 껌 수입을
　강력히 요구했기 때문이다. 싱가포르는 자국민의 권리를 위해서가 아
　니라, 외부의 압력에 의해서 껌 판매를 허락한 것이다.

싱가포르 시민들은 청소를 한 병사들에 해당된다고 본다. 싱가포르 사회는 전형적인 전근대적 권위주의 사회이다. 한국의 유교사회도 이에 해당되는데, 개인의 정체성이 인정되지 않고, 관계 속에서의 자아로만 인식 될 뿐이다. 예를 들면, '김 철수'라는 개인의 영역은 존중되지 않는다. 김 철수는 다만, 김씨 문중의 장남으로 받아들여질 뿐이다. 김 철수는 전체 문중의 관계 속에서만 존재의 가치가 있는 것이다. '최 진사 댁 셋째 딸'도 마찬가지로, 한 여인으로서가 아니라 최 진사의 세 번째 딸이라는 사실이 중요한 것이다. 싱가포르도 이러한 사회와 유사하기 때문에, 개인의 영역이나, 개인권리와 인권은 그다지 중요하지 않은 국가이다. 그러면 개인의 권리를 희생하면서까지 얻어진 사회적 수익(안정된 사회질서 등과 같은)에 대한 최대의 수혜자는 누구인가? 싱가포르의 일반 시민들은 분명히 아니다. 권력을 장악하고, 그 권위를 휘두르고 있는 집단이라고 본다. 더 정확히 말해서 리콴유 부자(父子)와 그들의 추종세력이 될 것이다. 사회 안정과 경제번영은 이들에게 정치적 자산이 되었고, 독재세습 권력을 정당화 하는데 효과적으로 이용되고 있다. 싱가포르는 대다수 일반인들의 인권과 개인권리를 희생하여 극소수의 권력 엘리트들의 배를 불리고 있는 형국이다.

4. 숨 막히는 싱가포르의 교육과 문화: 음악대학 하나 없는 섬나라

싱가포르가 다민족 국가이기 때문에 복합문화의 사회로서 문화활동이 풍부할 것으로 생각하기 쉽다. 그러나 싱가포르의 문화수준은 높은 편이 아니다. 도시의 아름다운 이미지와는 정반대로 문화적으로는 상당히 메마른 사회이다. 싱가포르는 인구가 450만의 도시이지만, 음대가 하나도 없다. 물론 큰 대학이 2개가 존재하지만, 어느 대학도 음악대학을 세우지 않았고, 싱가포르 국립대(National University of Singapore)에 미대가 있을 뿐이다. 그리고, 역사, 철학 등의 학과는 오로지 싱가포르 국립 대에만 설치되어 있다. 싱가포르에서 예술, 문학 등을 하는 사람은 매우 드물다. 싱가포르 심포니 오케스트라(Singapore Symphony Orchestra)와 같은 교향악단은 있는데, 주요 연주자들은 외국에서 영입해 온다. 즉, 용병들로 구성되어 있다. 러시아나 동구권의 연주들이 돈벌이를 하러 싱가포르에 진출해 있다.

싱가포르인들의 경우, 전문적으로 음악을 공부하려면, 외국에 나가서 유학을 해야 한다. 물론, 취미로 악기 등을 배우려면 음악학원을 다니면 된다. 사실, 초등학교부터 고등학교까지는 학교에서 음악이나 미술을 제대로 가르치지 않는다. 한국도 입시교육으로 인하여 예능교육이 정상적으로 이루어지지 않고 있지만, 싱가포르의 경우는 한국보다 사정이 훨씬 더 열악하다. 전원도시인 싱가포르는 공교롭게도 예술의 사각지대이다. 싱가포르인들의 정서는 매우 메말라있다. 돈 벌기 위해서만 사는 경제적 동물(economic animal)을 연상하게 된다. 가장 낭만이 풍부한 곳은 세계 어디에서나 대학 캠퍼스가 으뜸이다. 한국이고, 미국이고 대학 캠퍼스 하면 낭만 그 자체이다. 그래서 대학의 캠퍼스는 오랫동안 추억 속에서 사라지지 않는 것이다. 그런데 싱가포르 대학들의 캠퍼스는 낭만이라는 것은 흔적도 없고, 삭막하기 이를 데 없다. 한국과 같이 동아리 활동이나 취미활동이 아주 미약하다. 싱가포르 대학들의 캠퍼스는 매우 아름답다. 하지만, 학생들은 여유 없이 성적 따기에만 급급하다. 대학이 돈벌이를 위한 준비 학원인 듯하다. 대학의 분위기부터 살펴보기로 한다.

싱가포르에는 현재 4년제 대학이 3개 있다. 싱가포르 국립대학(National University of Singapore), 난양이공대학(Nanyang Technological University), 그리고 싱가포르 경영대학(Singapore Management University). 앞의 두 대학은 국립대로서 종합대학 규모이고, 싱가포르 경영대학은 2000년도에 설립된 사립대로서 경영대만 있는 단과 대학이다. 이 대학들이 모두 4년제 인데, 사실은 대부분의 학생들이 3년에 졸업을 하고, 학사학위를 받는다. 낙제라든가, 학점을 충분히 취득하지 못한 학생들만이 4년 만에 졸업을 한다. 교과과정이 3년에 마칠 수 있도록 짜여져 있다.

한국이나 미국의 경우, 교양과목이나 기본과목이 1년 정도 있어서 3년 전공과정을 포함하여 4년 정도 걸린다. 싱가포르 대학에는 교양과목이라는 것이 없다. 처음부터 전공과목만 이수하여 3년에 끝내게 되어 있는 것이다. 대학의 커리큘럼이 취업에 꼭 필요한 과목이수 하면 되도록 짜여져 있는 것이다. 긍정적으로 생각하면, 아주 실용적이라고 볼 수 있다.

그러나 대학에서 정작 교양수업하나 없이 취업에 필요한 과목만 듣고 졸업하는 것을 보면, 싱가포르 대학들은 취직준비 학원이나 다름이 없다. 경영대 학생이면, 경영각론, 컴퓨터, 회계학 등만 이수하면 경영학 학사 학위를 받는다. 그들은 철학, 사학, 문화 등에 대하여는 전혀 모른다. 취업에 필요한 지식만 갖추었을 뿐, 여타의 지식에는 문외한이다. 싱가포르 대학생들은 지식의 폭이 매우 좁다. 미국의 경우도 대학생들이 지식의 폭이 좁은 편이라서 지식의 폭을 확대하는 추세다. 몇 년 전에 하버드의 인문대 생들에게 지구에 왜 사계절이 존재하는가를 물은 적이 있는데, 대부분의 학생들이 대답을 하지 못했다고 한다. 지축이 23.5도 기울어져 있기 때문에 계절이 바뀐다는 사실은 초보적인 과학지식이다. 하버드의 인문대 학생들은 전공에 대하여는 심도 있는 지식을 갖고 있지만, 교양의 폭은 적은 편이었다. 그래서 미국에서는 지식의 폭을 넓히려고 하는 것이다.

싱가포르 대학생들은 지식의 폭이 지나치게 좁기 때문에 전반적인 지식수준이 크게 떨어진다. 싱가포르 대학생들은 대학에 입학하기 전까지 과도한 주입식 교육만 일방적으로 받아 왔다.

이들은 대학에 가기 위한 점수 따기 위주의 공부만 해 왔다. 한국도 이와 크게 다르지는 않지만, 한국보다 정도가 훨씬 더 심하다. 그들은 숨 막히는 주입식 교육을 받아서인지 응용력과 창의력이 현저히 부족하다.

싱가포르에는 대학이 몇 개 밖에 없기 때문에 대학에 들어가기가 무척 힘들다. 대학생들은 고등학교 때까지 아주 공부를 잘하던 학생들이었다. 소위 싱가포르의 엘리트라고 할 수 있다. 그런데 이들은 응용문제나 두뇌회전을 요하는 시험문제는 풀지 못한다고 한다. 난양이공대의 재료공학과에 재직하고 있는 한국인 교수의 말에 따르면, 수업시간에 가르친 내용을 그대로 출제하지 않으면, 대다수가 문제를 풀지 못한다는 것이다. 수많은 학생들 가운데 선택된 우수한 인재라는 사실이 믿어지지 않을 정도였다고 한다. 싱가포르의 숨 막히는 주입식 교육의 부작용이 아니라고 부인할 사람을 없을 것이다. 그들은 단 1점을 가지고 목숨을 걸 정도이다. 초등학교 시절부터 오랫동안 점수에 사활을 걸어 왔기 때문에, 대학생활에서도 그러한 습성은 그대로 표출되는 것이다.

그들은 점수에 관련되지 않는 것에는 조금도 관심이 없다. 한국에는 대학에 특강이라는 것이 있다. 점수와는 관계없지만, 관심이 있는 학생들이 많이 참여하는 것이 보통이다. 그런데 싱가포르 대학에는 아예 특강이라는 것이 없다. 점수 따는 것과 관계없으면 아무도 관심을 갖지 않기 때문이다. 수업시간에 초청강사(guest speaker)는 부르지 못한다. 왜냐하면, 외부초청강사의 말은 시험에 나오지 않기 때문에 어느 누구도 들으려 하지 않기 때문이라고 한다. 싱가포르 대학에 갓 부임해 온 교수가 이러한 캠퍼스 분위기를 모르고 자기 수업시간에 한 전문가를 초빙하여 30분 정도 시간을 주면서 특별한 주제에 대하여 강의를 시켰는데, 대부분의 학생들이 즉시로 퇴장하였다고 한다. 싱가포르 학생들은 아무리 훌륭한 학자를 데려와도 시험점수에 관계되지 않으면, 자리를 박차고 나가 버린다.

이들이 점수에 목매다는 또 다른 이유는 학교 성적에 따라 졸업 후의 연봉이 결정되기 때문이다. 성적이 좋은 학생들은 연봉이 높은 회사에 우선적으로 취업하게 된다. 성적표가 나가고 나면, 심지어 학부모까지 교수를 찾아와 성적을 올려달라고 요구하기도 한다. 이들은 그야말로 점수벌레들이다. 점수가 돈하고 직결되니까, 더 정확히는 돈벌레들이다.

싱가포르 대학에는 우리로서는 상상도 할 수 없는 대형 강의가 있다. 6-700여 명의 수강생이 붐비는 강의가 비일비재하다. 예를 들면, 회계학 개론이 개설되면 오직 한 반(section)만이 있을 뿐이다. 우리나라는 수강생이 많을 경우 여러 개 반을 만들어 수업을 진행한다. 그런데 싱가포르는 여러 반을 만들 수 없다. 가르치는 교수가 다르면, 성적을 쉽게 딸 수 있는 반이 있는가 하면, 성적이 잘 나오지 않는 반이 있을 수 있기 때문이다. 점수에 알레르기 반응을 보이는 싱가포르 학생들에게는 이를 도저히 용납할 수 없는 것이다. 그래서 학교 측에서는 한 교수가 수 백 명을 상대로 초대형 강의를 하게 할 수밖에 없다. 당연히 수업은 효과적일 수 없다. 대형 스크린을 사용하여 슬라이드를 보여 줌으로써 수업을 진행하는데, 강의실이 워낙 커서 칠판은 사용할 수도 없다. 뒤에서는 전혀 보이지 않기 때문이다. 준비해 갖고 간 슬라이드만 보여 주면서 수업을 할 뿐이다. 강의 도중에 즉흥적으로 생각나는 것을 표현하기가 매우 어렵다. 왜냐하면 칠판을 사용할 수 없기 때문이다.29) 외국학자들이 싱가포르를 방문하여, 이러한 초대형강의를 알게 된 후 충격을 금치 못한다.

대학이라는 곳이 상아탑의 흔적이라고는 찾아 볼 수 없고, 너무나도 삭막하기 그지없다. 좋게 말해서 싱가포르 대학은 실용주의 노선이 강한 것인데, 너무 지나쳐서 캠퍼스 문화를 메마르게 하고 있다. 싱가포르 정부는 경제에 직결되는 교육과 학문 활동만 육성하는 정책을 펴고 있다. 당장의 돈과 연결되지 않는 예술이나 인문계통의 학문은 지원하지 않는다. 그래서

---

29) 싱가포르 난양 이공대학(Nanyang Technological University)의 어느 한국인 교수가 대형강의를 슬라이드 없이 진행하다가 큰 코를 닥친 일이 있었다. 그는 연구가 너무 바빠서 강의용 슬라이드를 제작할 시간이 없었다. 싱가포르에서는 수업이 있기 전까지 강의할 슬라이드를 업로드(upload) 시켜야 한다. 싱가포르 학생들은 판에 박은 주입식 교육만 받아 왔기 때문에 대학생 조차 프리노트(free note)를 할 능력이 없다. 그래서 강의용 슬라이드를 꼭 작성해야 되고, 수업 시간 전에 반드시 업로드하여 수강생들이 다운로드 할 수 있도록 해야만 된다. 그 교수는 보통 대학에서 강의하는 식으로 수업을 하였는데, 학생들이 학장에게까지 항의를 하게 되었다. 마침내 수강생들이 싱가포르 교육부에 이 사실을 고발하겠다고 하여, 학장이 해당교수에게 당장 슬라이드를 작성하여 수업하도록 권유하였다고 한다. 싱가포르 대학생들이 얼마나 유치한지를 단적으로 보여 주는 사건이었다. 싱가포르 대학의 수업방식은 전혀 융통성을 발휘할 수 없으며, 틀에 짜여진 상태를 벗어 날 수 없다.

철학과나 정치학과 같은 학과는 싱가포르에는 싱가포르 국립 대에만 유일하게 존재하는 것이다. 독재국가이기 때문에 정치학, 사학 등의 정치와 민감한 학문의 양산은 정책적으로 막고 있다. 정치와 무관하고, 극히 실용적인 회계학이나 공학의 육성에 중점을 두고 있다. 이러한 정책은 독재국가에서 보편적으로 나타난다. 독재자들은 국민들이 정치에 관심 갖는 것을 원하지 않는다.[30] 정치에 관심을 갖는 지식인들이 생기면, 독재체제를 비판할 수 있기 때문이다.

한국의 박정희 정권시절에도 똑같은 교육정책이 있었다. 박 정권은 정치학, 사회학, 사학 등의 팽창을 최대한 억제하였고, 학과 개설도 허락하지 않았다. 이공계는 파격적으로 지원을 해 주었고, 과학원을 설립하였고 과학 엘리트들에게는 병역면제의 은전도 베풀어 주었다. 박정희는 정치학과를 가장 싫어하였다. 이들의 학문 활동이 유신독재체제에 비판적이었기 때문에 자신의 장기집권에 방해가 되었기 때문이었다. 또한 이러한 학과들을 기반으로 유신정권에 대한 저항세력이 형성되었다. 70년대 당시 서울의 모 대학에서 정치학과를 신설하려고 하였는데, 문교부에서 인가를 해 주지 않았다. 그래서 아이디어를 내었는데, 간판을 외교학과로 하였다고 한다. 국내정치는 학문의 대

---

30) 로마의 경우, 공화정에서 제정으로 넘어 갈 때, 로마시민들이 정치에 관심을 갖지 못하도록 여러 가지 노력을 하였다. 제정(帝政)시기에 과거 공화정이었을 때처럼 시민들이 정치에 관심을 갖으면 독재권력을 행사하는데 방해가 되기 때문이었다. 원형 경기장에서 써거스 (circus)를 보여 주어 시민들을 즐겁게 해 주었는데, 시민들의 관심을 정치에서 쾌락으로 돌려 보려는 시도였다고 한다.

상으로 삼지 않겠다고 하여, 정부의 인가를 받아 내었다고 한다. 그 대학은 민주화가 된 후, 재빨리 학과 명칭을 정외과로 바꾸었다.

싱가포르 대학들에도 국제정치문제를 연구하는 기관정도는 존속한다. 그러나 싱가포르 국내정치는 연구의 대상이 아니고, 언급할 수도 없는 절대적 금기사항이다. 그러므로 싱가포르의 인문사회 계통의 학문의 활동은 메마를 수밖에 없다. 싱가포르 정부에서 국비 유학생으로 뽑힌 한 영재가 외국에 나가서 철학을 공부해 오겠다고 하였다. 그런데 싱가포르 교육부는 이를 허락하지 않았다. 경제에 무관한 공부를 시키는데 국가의 돈을 쓸 수 없다는 것이었다. 그는 리콴유에게 장문의 편지를 써서 철학을 공부할 수 있도록 배려해 달라고 간청을 하였다. 이에 감동한 리콴유가 교육부에 허락해 주라고 지시해서, 그 사람은 마침내 유학하여 철학을 공부할 수 있게 되었다고 한다. 싱가포르는 최고 통치자인 리콴유의 배려가 아니면 순수학문을 공부할 수도 없는 나라이다.

싱가포르의 대학들은 3개에 지나지 않지만, 시설은 수준급이다. 시설 면에서는 웬만한 미국의 주립대학을 능가한다. 난양이공대학(Nanyang Technological University)은 시설에 있어서 미국의 MIT를 벤치마킹하고 있는 중이다. 이를 위해 싱가포르 정부도 파격적으로 자금을 지원하고 있다. 대학교수들은 싱가포르 내의 고급인력이 부족해서 외국학자들로 채우고 있다. 화교가 주류를 이루고, 호주와 뉴질랜드 그리고 유럽 등지의 학자들도 영입되고 있다. 서구출신의 교수들이 크게 선호되고 있다. 싱가포르가 오랫동안 영국의 식민통치를 받아서인지, 유럽인들을 우러러 보는 경향이 아주 짙다. 사대적이라고도 할 수 있겠는데, 학생들도 싱가포르 출신 교수보다 유럽 계통의 교수들을 더 좋아 한다고 한다. 싱가포르 국립대학은 미국학자를 총장으로 영입한 적도 있다. 싱가포르에서는 미국인 총장에 상당한 기대를 하였으나, 그는 대학발전에 그렇게 큰 역할을 하지 못했다.

  싱가포르 대학들에 취임하는 외국학자들은 학문적 목적보다는 단기적으로 많은 돈을 벌기 위해서 싱가포르 행을 택하는 경우가 많다. 이들이 설사 싱가포르에서 본격적으로 학문 활동을 하고 싶어도 여러 가지 제약과 통제 때문에 좌절하는 경우가 많다. 외국인 교수들은 단기간 싱가포르 대학에 머물다가 돌아간다. 그래서 대학교수의 이직률(turnover rate)이 무척 높다. 계속 새로 교수가 들어오고, 기존의 교수들은 그만 두고 본국으로 돌아가기 때문에 학교사회가 안정되어 있지 못하다. 이직률이 높은 이유 중의 하나는 싱가포르의 대학사회가 전문지식인들에게 편안한 곳이 되지 못해서이다. 대학이나 연구소에도 싱가포르 사회의 권위주의적인 분위기가 뿌리 내리고 있기 때문이다. 지성인들이 가장 혐오하는 체제가 상명하복의 수직적 권위주의 체제이다. 이러한 구조 하에서는 창의성과 개성이 무시되기 때문에 학문 활동이 가능하지 않다.

  전문지식인들은 자유와 자율권을 생명처럼 소중하게 여긴다.

학문의 세계에 있어서 학문활동에 대한 자유와 자율권은 연구의 성공을 위한 가장 중요한 선결조건이다. 일본의 쏘니(Sony)는 연구원들에게 무한의 자유를 누리도록 보장하고 있다. 연구원들에 대한 어떠한 지시나 간섭도 하지 않고, 연구원의 자율에 맡긴다고 한다. 이러한 자유스러운 분위기 속에서 쏘니의 연구원들은 왕성한 연구 활동을 하고 있고, 우수한 연구결과를 내 놓고 있다. 싱가포르에서 외국교수들은 숨 막히는 상명하복의 학교조직에 적응하기가 대단히 어렵다. 교수들의 의견이 존중되지 못하고, 자율권이 거의 주어지지 않는다.

싱가포르에서 평교수들은 아무 권한도 없는 선생에 지나지 않는다. 싱가포르의 조직은 오로지 상부의 지시에 복종하는 극히 획일적인 사회이다. 군대조직과 거의 흡사하다고 보면 된다. 싱가포르 대학에도 공식적인 교수회의가 있다. 그런데 이는 회의하기보다 학장이나 학과장이 일방적으로 지시 사항을 하달하는 기구일 뿐이다. 물론 일반교수들이 자신의 의견을 개진할 수는 있으나, 학교의 의사결정에는 조금도 반영되지 않는다. 대학에도 수직적 명령체계만이 존재하는 것이다. 외국교수들은 미국 등 선진국에서 공부를 하고 경력을 쌓았기 때문에 자유분방한 분위기에 익숙해 있는 사람들이다. 그들은 자유를 지고의 선으로 여기고, 자신들이 연구업적을 통해 사회적 존경을 받는 것을 최고의 행복으로 안다. 전문가들은 자부심과 사회적 인정을 생명보다 귀중히 여긴다. 그런데, 싱가포르에서는 그들의 존재가 대학이라는 조직체의 말단 조직원에 지나지 않는다. 아무리 연봉을 많이 받아도 이런 환경은 지성인들에게는 지옥이나 다름이 없다. 이들은 싱가포르 대학의 상명하복의 권위주의적 질서에 좌절하지 않을 수 없다. 무기력해진 교수들은 싱가포르를 떠나게 되는 것이다.

싱가포르 대학들은 외형은 대학의 모습을 갖추었지만, 내부는 관청이나 다름이 없고, 교수들은 관료로 보면 타당하다. 학장과 학과장은 막강한 권력을 휘두르고, 평교수들은 이들에게 절대 복종해야 된다. 젊고 유능한 학자들은 숨 막히는 분위기를 견딜 수 없어 이직을 많이 한다. 어떤 때는 무더기로 교수들이 학교를 떠나기도 한다. 대학 측에서는 학교 분위기를 개선할 생각은 하지 않고, 연봉을 올려서 이들을 붙잡으려고 하였다. 싱가포르 당국은 전문 인력들이 무엇을 중시하는지를 전혀 모르고 있다. 자기들과 같이 돈이면 모든 것이 해결된다고 오해를 하고 있는 것이다.

싱가포르인들은 오랫동안 상명하복의 권위주의 질서에 길들여져 있었기 때문에 자유와 자율성이 무엇인지를 알지 못한다. 더군다나 학자들의 자존심과 자부심을 왜 존중해야 되는지도 모르는 것이다. 이는 싱가포르의 역사에서 비롯된 일종의 문화적 한계라고 본다. 그들의 상명하복의 문화는 당분간 변하지 않을 것이다. 싱가포르인들은 그동안 자신들이 이룬 경제기적이 국가의 탁월한 역할 때문이라고 굳게 믿고 있다. 국가 중심의 권위주의적 체제가 적도의 기적을 이루었다고 확신하고 있는 한, 그들은 자신들의 신념을 바꾸려 하지 않을 것이다. 이

는 마치 과거의 성공이 실패의 어머니가 되고 있는 셈이다. 장
기적으로는 능력 있는 전문가 인력은 싱가포르를 다 떠나게
되어 있다. 그러므로 이런 대학구조에서는 학문의 발전을 기대
할 수 없다고 본다. 미국의 학문이 세계 최고를 유지하고 있는
것은 전 세계에서 훌륭한 학자들이 미국에 모여 들고, 그들이
본국으로 돌아가지 않고 미국에 남아 있기 때문이다. 미국의
대학이나 연구소는 전문가 인력이 연구를 자유롭게 할 수 있
고, 자존심과 자부심을 존중 받을 수 있는 곳이다. 싱가포르의
대학은 이와 정반대의 환경을 갖고 있다.

　싱가포르인들은 대학에 들어오기까지 오랜 세월 입시지옥을
거쳐야 하는데 한국보다도 더 처절하다. 초등교육과 중등교육은
권위주의적 주입식으로 이루어진다. 우수한 학생과 열등한 학생
을 일찍이 분류해 버리는데 지극히 비인간적이다. 공부를 못하
는 아이들의 인권은 철저히 무시된다. 초등학교에서는 1등을 학
생들은 특별대우를 해 준다고 한다. 이를테면, 1등을 한 아이는
양복에 넥타이를 매고 등교를 하게 하여 다른 아이들과 구분한
다고 한다. 말하자면, 특권의식을 심어준다고 볼 수 있다. 평범
한 아이들은 공부를 잘하는 아이들의 시녀 같은 위치를 차지한
다. 싱가포르 학교에 자녀를 보내는 교포들의 말에 의하면, 아이
들이 학교에서 엄청난 스트레스를 받는다고 한다. 학교에서 워
낙 살벌한 경쟁을 시키기 때문에 정신질환을 앓는 아이들도 적
지 않다는 것이다. 한국에서도 발생하는 일이지만, 자살하는 아
이들이 속출하고 있다. 싱가포르의 교육은 한국을 능가하는 생

지옥 그 자체인 듯하다. 싱가포르는 초등학교 4학년 때 학력평가를 하여, 5학년 때부터 아이들을 3개 수준으로 나누어 교육을 시킨다. 특별과정(special course), 고속과정(express course), 그리고 보통과정(normal academic course)이다. 공부를 잘 하는 학생들은 소위 인문계 고등학교(Junior College)를 거쳐서 대학에 입학하게 된다. 그리고 고등학교에 진학할 정도의 수준이 안 되는 학생들은 기술학교(polytechnic)에 입학을 한다. 싱가포르의 최고 엘리트들이 진학하는 곳이 래플스 칼리지(Raffles College)인데, 과거 한국의 경기 고등학교에 해당한다. 싱가포르 각료의 대부분이 이 고등학교 출신이다. 입시지옥을 돌파한 승리자들이 국가의 요직을 독점하는 지배계층이 되는 것이다. 이들은 어려서부터 집권당인 인민행동당에 의해 스카우트되어 특별관리를 받는다. 빠른 승진 트랙(fast track)을 타고 정부에서 초고속 승진을 하게 되는데, 30대에 국장을 역임하고, 40대에 장관을 지낸다. 싱가포르는 소위 엘리트 중심 교육인데, 일부 소수의 우수한 학생들은 모든 것을 차지하고, 나머지는 소외되는 시스템이다. 극히 비인간적인 교육제도라고 본다. 사회제도는 최대 다수의 최대 행복을 추구하는 것이 그 목표다. 그런데 싱가포르의 교육제도는 극소수의 엘리트의 행복만 극대화하는 시스템이 아닌가 한다.

대학에 입학하는 문이 너무 좁아서, 일부 부유층 가운데 자녀가 대학갈 실력이 안 되면 유학을 보내는 경우가 많다. 그러나 이들이 유학을 마치고 귀국을 해도 사회적으로 인정을 받지 못한다. 싱가포르인들은 실력이 모자라는 사람이 해외유학을 한다고 여기고 있기 때문이다. 소위 엘리트 학생이 되기 위해서는 주입식 교육의 승리자가 되어야 한다. 기계적으로 외우고, 답하는 데 익숙한 아이들이 1등을 하게 된다. 그래서 싱가포르 학교에서는 학생들의 질문이나 토론이 없이 일방적으로 수업이 진행된다. 대학에서의 수업은 미국이나 서구를 모방하여 토론식 수업을 도입하였다. 그러나 권위주의체제 하에서 수직적 구도의 수업을 받아온 학생들이 자기의사를 자유롭게 표출할 수는 없다. 그러한 수업은 교수에게 아주 고통스럽다. 학생들을 강제로 시키기 않으면 수업에 참여하지 않기 때문이다. 수업참여를 점수에 연결키지 않는 이상 학생들이 전연 움직이지 않는다고 한다. 면학 분위기는 한국의 대학보다 훨씬 높은 편이기는 하다. 그러나 지적 호기심이나, 학문 자체에 대한 열의가 아니라 점수 취득을 위한 공부일 뿐이다.

싱가포르인들은 자국이 제 3세계에서 선진국으로 부상하였고 자부심을 갖고 있으면서, 다른 한편으로는 열등의식이 무척 강하다. 더욱이 자신들의 문화에 대한 자부심은 없다고 보아야 한다. 영화의 경우, 99%가 외화이고 싱가포르 제작 영화는 거의 찾아 볼 수 없다. 싱가포르는 홍콩과는 달리 영화산업의 발달이 아주 미약하다. TV의 경우, 드라마나 기획물 등은 미국의 제작물을 그대로 방영한다. 국영 방송인 Channel News Asia에서 미국 CBS의 '60 Minutes'를 그대로 내 보내고 있는 실정이다. 그래서 영어를 잘 하는 싱가포르인들은, 특히 젊은 세대는 싱가포르 방송보다는 케이블에 있는 미국의 CNN, Discovery, 영화채널을 더 즐겨 본다. 미국문화를 여과 없이 흡수한다 해도 과언이 아니다. 그래서 젊은 세대들은 정체성에 혼란을 느끼기도 한다. 그들은 서구문화에 몰입되어 있어서 정작 싱가포르 문화가 무엇인지를 모른다. 피부색깔로는 동양인이지만, 내면적으로는 서구의 문화에 함몰되어 있는 것이다. 정체성의 결여로 인하여 주체의식이 현저히 부족하다.

싱가포르인들은 자신들의 아이덴티티를 묻는 것을 아주 싫어한다. 싱가포르는 어떤 나라라고 자신 있게 답변할 수가 없고, 또한 자신이 싱가포르인이라고 과감히 말할 수 없기 때문이다. 그들은 자신들이 싱가포르 시민 이전에 중국인이라고 생각한다. 그렇다고 그들이 중국어를 모국어처럼 잘하고 중국문화 속에 있는 것도 아니다. 또 영어를 말하고, 미국 TV를 시청하고는 있지만 그들이 결코 유럽인은 될 수 있는 것은 더욱 아니다. 언어도 문제거리 중의 하나이다. 싱가포르인들이 영어를 잘해서 토플도 면제를 받지만 모국어처럼 잘 하는 것은 아니다. 다만, 영어가 모국어가 아닌 국가에 비해서 영어를 잘 구사하는 정도이다. 또한 중국어 실력은 중국인이라고 인정받을 정도로 뛰어난 것도 아니다. 젊은 세대들은 한자를 잘 알지 못한다. 그래서 싱가포르인들의 존재는 참으로 어중간하다. 그들 스스로가 자신들이 '바나나'라고 한다. 바나나는 겉은 노랗고(중국을 의미), 속은 하얗기(영어 및 서구문화) 때문이다.

싱가포르인들은 겉으로는 자부심을 드러내지만, 막상 문화의 정체성이 없기 때문에 내면적으로는 심한 콤플렉스를 지니고 있다. 열등의식을 은폐하려는 시도인지 몰라도 이들은 엉뚱하게 오버하는 경우도 많다. 싱가포르인들은 아시아에서 개인소득이 일본 다음으로 높다고 자부하면서, 싱가포르와 일본이 거의 동등하다고 착각하기도 한다. 싱가포르인들을 제외하고는 아무도 일본과 싱가포르를 동등한 수준으로 생각하는 사람은 없다. 싱가포르 신문에 한 어이없는 기사가 실린 적이 있다. 싱가포르 중학생들이 일본에 교환학생으로 갔는데, 일본이 싱가포르보다 못하다는 기사였다. 일본의 학교는 방과 후에 학생들이 교실을 청소한다는 것이다. 싱가포르의 교환학생이 여기에 충격을 받았다고 한다. 싱가포르에는 청소부가 있어서 학생들에게 청소를 시키지는 않는다. 싱가포르 언론은 '일본이 미국에 이어 제 2의 경제대국이라고는 하지만, 학생들에게 아직도 청소를 시키고 있다'고 평가절하를 하였다. 그래서 싱가포르가 일본보다 더 살기 좋은 나라라는 것이다. 싱가포르의 학교에서 청소부를 고용하는 것은 대단한 것이 못된다. 이들은 저임금 외국 노동자들이기 때문에 인건비가 몇 푼 들지 않는다. 일본의 경우는 청소부의 인건비가 비싸기도 하고, 교육상 학생들에게 청소를 시키고 있는 것이다. 학생들이 청소를 하고, 안하고의 문제를 가지고 일본과 수평비교를 한다는 것은 어불성설이다. 싱가포르인들은 이렇게 사소한 데에서도 싱가포르의 우월성을 찾고 싶어 하는데, 열등의식이 강한데서 오는 부작용이 아닌 듯싶다.

5. 싱가포르의 마지막 카드: 바이오산업

싱가포르의 경제는 기로에 서 있다. 번영의 젖줄이었던 다국적기업들이 싱가포르를 떠나고 있고, 싱가포르가 항구로서의 중요성이 급격히 퇴색하고 있는 중이다. 세계 최대 시장이자 공장인 중국의 부상은 싱가포르 경제의 산업기반을 흔들어 놓고 있다. 특히, 제조업의 주축이었던 전자산업이 중국으로 이전되어 싱가포르 경제에 큰 타격을 주었다. 싱가포르는 사면초가에 빠지게 되었고, 무엇인가 대책을 세우지 않으면 안 되었다. 싱가포르 최후의 카드가 생명과학 산업을 육성하는 것이다. 바이오산업은 21세기에 가장 유망한 산업으로 부각되었다. 현재, 정보통신 산업을 제치고 황금 알을 낳는 최대의 수익사업으로 자리를 잡아 가고 있다.

세계 각국은 자국경제의 사활이 달려 있는 바이오산업 육성에 심혈을 기울이고 있다. 아시아에서는 싱가포르와 한국이 이 분야에서 가시적인 성과를 이루고 있다. 싱가포르는 단시일 내에 동남아 지역의 바이오산업 허브로 발전하였고, 한국은 생명과학 분야의 리더로 부상하고 있는 중이다. 싱가포르는 1999년부터 바이오산업 발전의 청사진을 그려왔다.

싱가포르 경제개발청(EDB)은 제약, 의료기기, 의료서비스, 그리고 생명공학을 주축으로 하는 지식집약적 생명과학 산업발전을 시도하고 있다. EDB는 A*Star(Agency for Science, Technology and Research)를 설립하여, 이 프로젝트를 전담하게 하였다. 이 기구는 싱가포르 생명과학산업을 세계적 수준으로 끌어 올리는 것을 목표로 하고 있다. 이러한 취지에서 A*Star는 싱가포르 바이오 폴리스(Biopolis)를 설립하여 외자유치를 추진하고 있다. 이 지역에서는 온갖 행정규제를 철폐하여, 자유롭게 사업을 할 수 있는 환경을 조성하였다. 특히, 저돌적으로 R&D에 투자할 수 있는 벤처기업을 유인하고 있다. 이러한 공격적 벤처기업을 통하여 싱가포르에서 기술혁신을 창출하려고 하는 것이다. 싱가포르는 생명과학산업에 필요한 자체인력 양성을 위하여 교육과정도 개편하였다. 대학에도 생명과학 관련 학부를 개설했다. 2002년 난양이공대(Nanyang Technological University)에 생명과학대학이 설립되었다. 우수한 학생들을 확보하기 위하여 장학금을 지급하는 등 강력한 유인책을 쓰고 있다.

싱가포르 정부는 막대한 자금을 투입하여 거대한 연구소들을 설립하였으며, 세계각지에서 우수한 연구 인력을 대거 영입하였다. 해외 스타급 과학자들과 젊은 과학도들이 싱가포르에 진출하게 되었다. 일본 교토대의 바이러스 연구 소장이었으며, 국제적으로 저명한 이토 요시야키 교수가 분자 및 세포 생물학 연구소(Institute of Molecular and Cell Biology)에 파격적인 조건으로 스카우트 되어 암에 대한 연구를 하고 있다. 미국 암연구소의 임상과학 소장을 역임한 에디슨 리우(Edison Liu) 박사는 현재 싱가포르의 게놈 연구소를 이끌고 있다. 또한 복제양 돌리를 탄생시킨 연구팀 멤버인 콜만(Alan Coleman)은 싱가포르의 세포 연구소(ES Cell International)에 영입되었다. 세계적인 학술지인 싸이언스(Science)는 싱가포르가 아시아 생명공학 실험실(the biology lab to watch in Asia)이라고 극찬을 아끼지 않았다. 싱가포르의 생명과학연구소들은 해외에서 유입된 고급인력에 의하여 외국의 유수한 연구진들과 교류를 하며, 공동연구도 진행하고 있다. 싱가포르의 과학단지에 설립된 연구소들은 전적으로 해외에서 영입된 고급인력에 의해 운영되고 있는 형편이다. 단시일 내에 생명과학을 발전시키려면, 해외에서 고급두뇌를 영입하는 방법 밖에는 없을 것이다. 싱가포르는 규모가 작은 나라이고, 종합대학이 2개 밖에 되지 않기 때문에 자체적으로 생명과학 계통의 인력을 확보하는 것은 거의 불가능하다고 본다. 그런데 전문 인력을 전적으로 해외에 의존하면서 생명과학 산업을 발전시키려는 것은 많은 문제를 안고 있다.

첫째, 필요한 인원을 적절한 시기에 충분히 조달하기가 매우 어렵다. 2000년에 설립된 GIS는 250명의 외국 인력을 채용하려고 목표를 세웠으나, 단지 70명을 확보하는데 그쳐야 했다. 무엇보다도 높은 이직률이 문제거리다. 해외인력들은 계약기간이 끝나면, 대부분 본국으로 돌아간다. 생명과학 분야는 장기간의 연구기간을 필요로 하는데, 이직률이 높다는 것은 싱가포르 생명과학산업 발전의 치명적인 걸림돌이 된다고 본다. 둘째, 연구에 대한 자율권이 크게 위축되어 있다. 싱가포르 당국은 외국 인력에 대해서도 강력한 통제를 하고 있다. 상명하복 체제의 싱가포르 시스템은 이들에게 좌절감을 안겨 주기에 충분하였다. 전문 고급인력들은 자유와 자부심 그리고 사회적 인정 등을 생명과 같이 소중히 여긴다. 더욱이, 싱가포르에 영입된 고급인력들은 선진국에서 공부를 마치고, 거기서 경력을 쌓았기 때문에 자유스러운 분위기가 아니면 연구를 진행하기 어렵다. 그들은 상명하복의 권위주의 체제 속에서 자존심이 상하는 불상사를 겪어야 했다. 1999년, IMA(바이오 폴리스에 있는 연구소)가 연구자들에게 강한 압력을 가하기 시작했다. 기초연구를 포기하고 즉시 상용화 할 수 있는 연구로 방향을 바꾸라는 것이었다. 이는 연구자들에게 큰 충격이었고, 고압적인 태도로 연구테마를 바꾸라는 무모한 요청은 이들에게 받아들일 수 어려운 것이었다. 아마 연구소 측은 단기간에 연구를 끝내고 상용화를 해서 이익을 창출하려고 했던 것이다. 생명과학산업의 연구는 오랜 시간이 소요되고, 또한 실패율이 상당히 높다.

따라서 이 분야는 높은 실패의 가능성과 오랜 연구시간을 감수해야만 하는 것이다. 그런데 싱가포르 연구소 당국은 이러한 사실을 일방적으로 묵과한 것이다. IMA측은 인내심이 없이 단기간의 성과에 매달렸고 이익이 빨리 실현되기를 기다렸기 때문에 연구자들에게 극심한 스트레스를 주었다. 이 연구소의 연구인력들은 좌절감을 경험하고 연구소를 떠나야 했다. 바이오 폴리스에는 미국이나 유럽에서 온 연구 인력들이 무더기로 떠난 연구소들이 많이 있다. 그 결과 중국계 연구진만 연구소에 남게 되었다고 한다. 그래서 그러한 실험실을 "Mandrin-Speaking Lab"이라고 부르기도 한다는 것이다. 중국 사람들만 남게 되어, 더 이상 영어로 의사소통이 필요 없게 되었다. 그래서 중국 표준어인 북경어(Mandrin)만 사용하게 된 것이다. 이로 인하여, 싱가포르는 대외적으로 신뢰도를 잃게 되었다. 그 결과, 앞으로 계속해외 고급인력을 스카우트 하는데 어려움을 겪게 되었다.

싱가포르의 생명과학 산업은 대외 의존도가 심각할 정도로 높다. 이는 싱가포르 경제구조의 아킬레스건이었다. 생명과학 계통의 싱가포르 기업은 10개에 불과하다. 이 중에 3개만이 싱가포르 민간자본에 의해 설립되었고, 나머지 기업들은 국영기업들이다. 국영기업들은 규모는 크지만, 기업으로서의 역동성이 떨어지고 기술력이나 경영 등은 해외인력에게 크게 의존하고 있다. 싱가포르 생명과학계통의 국영기업인 S*Bio는 Chiron에 기술을 전적으로 의존하고 있다. 또한 S*Bio는 두 명의 미국인을 CEO로 영입하여 경영을 맡겼다. 그러나 이들은 곧 그만두고 미국으로 돌아갔다. 기업가 정신이 부족한 싱가포르는 생명과학 산업에는 체질적으로 맞지 않는다. 생명과학산업은 실패율이 높아 아주 위험한 사업이다. 도전정신이 부족하고 현실에 안주하려는 싱가포르인들이 감당하기에는 역부족이다. 싱가포르인들은 위험도가 낮은 곳에나 투자하려는 경향이 있다. 장기적 이익이나 미래의 대박보다는 목전의 이익이나 당장의 현금을 선호한다. 이러한 문화사회적 환경은 싱가포르에서 생명과학산업이 성공하는데 큰 장애요인이 되고 있다. 싱가포르의 연구풍토가 아주 열악한데, 이 또한 생명과학산업 발전에 걸림돌이 되고 있다. 싱가포르 연구자들은 연구를 제로섬(zero-sum)으로 인식하여 다른 연구자들과의 협조를 꺼린다. 연구의 시너지 효과가 원천적으로 차단되고 있는 셈이다. 생명과학은 개별연구가 아니라 팀 중심으로 연구가 진행된다. 팀의 숫자가 많을 때는 100여 명이 되기도 한다. 그러므로 연구진간의 협조가 긴밀히 요구 되는 것이다. 그런데 싱가포르인들에게는 팀워크에 의한 연구가 전혀 이루어지지 않는다는 것이다.

만일, 싱가포르의 고급인력이 자체적으로 조달된다 하더라도, 협력이 이루어지지 않으면 생명과학 연구에 성공적인 성과를 기대하기 힘들다. 싱가포르의 경우와는 대조적으로 한국의 생명과학 및 산업은 내실을 기하면서 발전을 하고 있다. 기술인력을 포함하여 모든 것이 자립적이다. 벌써 몇 가지 혁혁한 성과를 거두기도 하였다. LG화학은 폐렴 치료제인 '팩티브(Factive)'의 개발에 성공을 해서, 2004년 4월에 국내 최초로 미국 식약청(FDA) 승인을 받았다. 이는 한국을 제약에 있어서 세계 10위권으로 끌어 올린 쾌거였다. 이로 인하여 LG화학이 거두게 될 수익은 천문학적 규모이다. 다국적기업이 아닌 순수 국내기업이 국내 연구진의 노력으로 FDA 승인을 얻은 것은 비선진권에서는 유례가 없는 것이다. 3000억원이라는 거금이 투입되어 12년의 장시간 연구가 이루어졌다. 신약개발의 성공 가능성은 고작 0.02% 정도이다. 위험을 감수하고 도전정신이 없이는 신약개발 프로젝트를 시작할 수 없다. 또한 성공을 위해 장시간 기다리고 인내하지 못하면 신약개발에 성공할 수 없다. 위험을 회피하고, 목전의 이익에 매달리는 싱가포르인들은 도저히 도전할 수 없는 프로젝트라고 본다. LG의 성공은 막대한 자금을 동원할 수 있는 재벌의 자금력, 단기 이익을 희생하면서 장기적 이익을 위해 과감히 투자결정을 할 수 있는 재벌의 의사결정 시스템, 그리고 풍부한 국내 고급인력 등이 결합하여 이루어 낸 신화이다.

한국 생명과학의 학문적 성과로는 벤처기업인 마이크로젠의 서정선 박사의 '아빠없는 쥐'와 송아지 복제로 유명한 서울대 황우석 박사의 '줄기세포를 이용한 배아복제'의 성공을 들 수 있다. 이 연구 결과는 각각 세계 최고의 학술지인 네이처(Nature)와 싸이언스(Science)에 게재 되었다. 이러한 성과는 양질의 연구진과 그들의 헌신에 의하여 비롯된 것이다. 한국은 비록 물질적 지원이 부족하지만, 안정적인 연구 환경과 연구진 간의 신뢰가 높다. 신뢰를 바탕으로 한 팀워크가 생명과학 연구의 효율을 높여 주었다. 상호신뢰 구축이 힘들어 팀워크가 이루어지지 않는 싱가포르의 연구풍토와는 극명한 대조를 이룬다. 싱가포르와는 달리, 한국에는 연구를 위한 인적자원이 풍부하다. 이들은 고도로 훈련되어 있으며, 연구에 대한 헌신도가 매우 높다.

싱가포르의 생명과학산업은 사상누각이다. 해외자본을 끌어들이고, 해외 고급인력에 의존해서 이루어낸 생명과학산업은 엄밀히 말해 싱가포르와는 관계가 없는 것이다. 다국적기업의 경제활동으로 인한 수익의 일부를 임금이나 세금의 형태로 싱가포르가 확보할 뿐이다. 싱가포르가 구조적 한계를 극복하고자 추진한 생명과학산업의 육성은 한계를 벗어나기는커녕 공교롭게도 기존 발전 패러다임의 굴레를 벗어나지 못했다. 즉, 생명과학산업도 대외 의존적으로 발전된 것이다. 싱가포르의 생명과학산업의 발전은 불투명하고, 전망이 밝지 못하다. 한국에는 싱가포르의 발전이 과장되어 알려져 있기 때문에, 싱가포르에 대한 정보를 접할 때 대단히 신중해야 된다고 본다.

2003년도에 싱가포르는 한국의 샴쌍둥이의 분리 수술에 성공을 하였다. 샴쌍둥이란 몸이 서로 붙어 출생한 쌍둥이를 말한다. 한국에서는 샴쌍둥이 분리 수술이 가능하지 않기 때문에, 전문 노하우가 있는 싱가포르의 래플스 병원(Raffles Hospital)이 수술을 맡게 된 것이다. 수술이 성공하자 이 병원은 언론의 스포트라이트를 받았고, 싱가포르의 위상은 크게 높아 졌다. 한국 언론에서는 싱가포르의 의술이 한국을 능가한다고 성급히 보도 하였다. 그러나 싱가포르 의학수준은 한국보다 훨씬 낮다.31) 그들은 특정분야만을 집중적으로 육성하였다. 샴쌍둥이 분리수술이 그 대표적인 예이다. 싱가포르에는 90년대 초반까

---

31) 요즈음 맹장 수술정도는 아주 쉽게 한다. 미국에서는 맹장수술을 한 다음, 당일 환자를 퇴원시키고 있다. 한국의 경우, 맹장수술시 불과 몇 센티미터를 칼로 짼다고 한다. 싱가포르에서는 아직도 맹장수술시 10 센티 이상을 칼로 째고 있으며, 오랫동안 입원을 해야 된다. 싱가포르의 수술기술은 한국에 비해 수십 년은 뒤져 있다고 본다.

지만 해도 종양 전문가가 없을 정도였다. 샴쌍둥이 수술만 갖고 싱가포르의 의학수준이 높다고 판단해서는 큰 오산이다. 싱가포르의 화려한 이미지 뒤에는 많은 허수와 거품이 있음을 알아야 할 것이다. 그들이 이루어 낸 것은 내실화가 없는 겉치레에 불과하다. 샴쌍둥이 수술에 성공함으로써 싱가포르는 국가 홍보를 톡톡히 한 셈이다.

싱가포르는 이미지 공작에 아주 뛰어난 나라이다. 싱가포르는 극히 대외의존적인 국가임에도 불구하고, 깨끗하고 투명하며 경쟁력이 강한 나라라고 홍보되어 왔다. 사실은 국가경제가 다국적기업들과 해외인력에 의존하고 있어서 내면적으로는 무척 취약한 나라이다. 대외 의존적 패러다임으로 단기간에 얻어지는 경제적 성과를 결코 긍정적으로 평가해서는 안 된다. 현재, 한국에는 '자본에는 국적이 없다' 외자유치의 중요성을 강조하는 조류가 있다. 그러나 다국적기업의 유치나 외자도입에 큰 기대를 걸지 않는 것이 좋을 것이다. 싱가포르 사례가 그러한 시도가 얼마나 부질없는 것인가를 잘 보여주고 있기 때문이다.

Ⅴ.
싱가포르 신화는 허구다

　리콴유가 싱가포르의 국가철학으로 삼고, 그래서 싱가포르의 정치, 사회, 경제 발전의 형이상학적 근간이 된 아시아적 가치 －결론부터 말하자면 그것은 허구에 지나지 않는다. 리콴유가 리씨 왕조를 개창하고, 그 유례를 찾아보기 힘든 경찰국가와 병영사회를 정당화하고 유지하기 위한 지적 허구에 지나지 않는 것이 바로 아시아적 가치이다. 우리는 먼저 리콴유가 이야기하는 바의 아시아적 가치 또는 서구적 가치라는 개념부터 꼼꼼히 살펴보아야 할 것이다. 그는 민주주의나 인권과 같은 서구적 가치는 아시아에는 부적합하다고 주장한다. 그는 심지어 미국은 동양사회에 제대로 작동하지도 않을 체제를 무분별하게 강요하지 말라고 단호하게 말한 적도 있다. 그러면서 그는 유교적 문화전통에 뿌리를 내리고 있는 아시아적 가치야말

로 동아시아에 부합하는 가치라고 주장한다.

　개인보다 가족을 우선시하고 중시하는 태도, 근면과 성실에 대한 믿음, 대가족 내에서의 효도와 충성 그리고 학문과 배움에 대한 존경과 같은 가치를 거론해볼 수 있다. 그러나 리콴유는 다른 한편 서구에서 발전한 자본주의 발전과 경제성장은 적극 추구하였다. 싱가포르의 근대화와 경제발전의 기본전략은 아시아적 가치의 토대 위에서 자본주의를 발전시키고 경제를 성장시키는 것이다.

　바로 여기에 리콴유의 치명적인 오류가 있다. 자본주의와 그 위에 바탕을 두는 산업화와 경제성장은 중요한 서구적 가치 가운데 하나이기 때문이다. 그것도—뒤에서 자세한 언급이 있겠지만—비로소 근대 서구에 이르러서 정착되고 인정받기 시작한 가치이다. 그렇다면 이것은 리콴유의 논리대로 하자면 동양사회에 제대로 작동도 하지 않을 체제인데, 더군다나 아시아적 가치에 전면적으로 배치될 가치이다. 따라서 리콴유가 진정으로 아시아적 가치에 충실하고 이를 고수하고자 했다면, 경제역시 동아시아의 전통을 따랐어야 한다. 가족과 촌락 공동체의 노동에 기반을 두는 농업경제 말이다. 그는 문화란 그 누구도 부정하거나 거역할 수 없는 천명이요 숙명이라고 하지 않았던가? 하지만 싱가포르는 실상 그 어느 서구의 국가들 못지않게, 아니 어찌 보면 그들보다도 훨씬 더 열정적으로 서구적인 경제체제를 구축하고자 했다.

　동아시아에서는 전통적으로 경제를 가치로 추구하지 않았다.

경제는 어디까지나 경세(經世)하고 — 세상을 경륜하고 — 제민(濟民)하는 — 백성을 구제하는 — 정치의 하위개념이며, 이를 실현하기 위한 수단이자 도구에 지나지 않는다. 또한 정치는 도덕의 하위 개념이며 이를 실현하기 위한 수단이자 도구에 지나지 않는다. 맹자는 말하기를, 항산(恒産)이면 항심(恒心)이다. 어느 정도 경제력이 있어야 도덕성 또는 양심을 유지할 수 있다는 이야기이다. 따라서 국가의 통치자는 백성을 배불리 먹이는 일에 제일 먼저 힘을 써야 한다는 것이 맹자의 논리이다. 결론적으로 말해, 동아시아의 유교 국가는 경제를 정치의 수단이자 도구로, 그리고 정치를 다시금 도덕의 수단이자 도구로 간주한다. 서구에서 생성되고 발전한 자본주의와 산업화는 서구인들이 이미 수천 년부터 천명이자 숙명으로 받아들일 가치나 문화가 결코 아니다. 이는 중세의 봉건경제가 붕괴된 이후에 생성되고 발전해서 지배적인 경제체제가 된, 따라서 근대 서구의 독특한 현상일 따름이다.

그 결과 자본주의는 근대 이후에 비로소 서구인들이 부정하거나 거역할 수 없는 천명이자 숙명이 되었다. 서구에서는 자본주의가 발전하고 산업화가 진행되면서 급격한 사회변동을 체험하게 된다. 먼저 이때에 이르러 경제가 하나의 독립적인 가치로 등장하게 된다. 그 이전의 서구에서는 종교가 지배적인 가치로서 정치, 경제, 문화, 예술, 과학 또는 경제와 같은 다양한 종교외적 삶과 행위의 영역에 정당성을 부여했고 그 의미를 부여했다. 그러다가 산업 자본주의가 발전하면서 이들 영역은 종교로부터 독립해서 그 자체로 가치를 형성하게 되었다. 경제도 그 가운데 하나이다. 이제 개인들이 시장에서 합리적인 경제행위를 바탕으로 이윤을 추구하는 것은 마치 종교에서 구원을, 정치에서 권력을, 과학에서 진리를 그리고 예술에서 아름다움을 추구하는 것과 마찬가지로 바람직하고 추구할만한 가치로 인정받게 이르렀다. 그뿐만이 아니다. 나에게 신(神)인 것이 다른 사람에게는 악마가 될 수 있으며, 또한 그 반대의 논리도 성립한다. 그리고 다양한 가치들은 서로 영원히 대립하고 갈등하며 투쟁한다. 그래서 개인들이 어떠한 가치를 선택하고 추구할 것인가는 전적으로 그리고 궁극적으로 주관적이고 의식적인 삶과 행위를 영위하는 개인의 판단과 결정 및 결단에 달려 있다. 독일의 위대한 사회학자 막스 베버는 이를 가리켜 가치 다신주의(Polytheismus der Werte)라고 표현하고 있다. 가치라는 신전(神殿)에는 유일신이 아니라 수많은 신들이 모셔져 있다는 의미이다.

근대 서구의 모든 것을 그 뿌리째 뒤흔든 독일의 위대한 철학자 프리드리히 니체는 경제가 독립된 가치와 목적이 되어버린 근대 서구 자본주의 사회를 통렬하게 비판하고 있다. 이미 잘 알려진 바와 같이, 니체는 그리스를 높이 평가하고 있다. 그 이유 가운데 하나가 그곳에서는 경제가 가치나 목적이 아니라 수단이었다는 사실에 있다. 그리스의 도시국가에서는 사회의 가장 저변에 경제적 생산을 담당하는 노예계급이 자리 잡고 있었으며, 자유인은 정치를 담당하고 있었다. 바로 이러한 사회와 국가라는 하부구조의 토대 위에서 가장 정신적인 인간들, 다시 말하자면 예술가들과 철학자들이 문화 창조에 종사하고 있었다. 이처럼 그리스 시대에는 소수의 자유인이 지배 집단으로서 정치와 문화를 담당하고, 대다수의 비자유인은 피지배 집단으로서 경제적 생산 활동에 종사한 반면에, 근대에 들어와서는 시민계급이라는 지배 집단이 주로 경제적인 영역에서 - 그리고 정치적인 영역에서 - 활동하게 된다. 이는 단지 정치와 문화의 하부구조에 해당하는 경제를 담당해야 하는 사회집단이 이제는 문화 피라미드의 상층 부분을 차지하게 되었다는 뜻이다. 그리고 한 걸음 더 나아가서 근대에 들어와서는 정치와 문화가 사회적인 것 - 다시 말하자면 경제적인 것 - 에 봉사하게끔 되었다. 다시 말하자면, 인류 역사상 가장 저열한 존재형식인 자본주의가, 단지 국가와 문화 그리고 개인과 개인주의의 발달이라는 가치와 목적을 위한 수단이 되어야 할 자본주의가 이제는 그 자체로 가치와 목표가 되어 버리고 말았다. 니체가 보기에, 이보다 더 한 문화의 타락과 파괴란 생각할 수 없다. 그 다음으로는 이른바 아시아적 가치란 과연 특수한 문화에만 존재할 수 있는 가치인가에 대한 깊고 근본적인 의구심을 불러일으키는 변화가 일어난다. 독일의 사회학자 페르디난트 퇴니스(Ferdinand Tönnies)와 더불어서 이야기하자면, 공동사회(community)에서 이익사회(society)에로의 전환이 바로 그것이다. 퇴니스에 의하면, 공동사회는 가족이나 지역 공동체와 같이 혈연과 지연이 중시되며, 전통과 관습이 지배하는 집단주의적 사회이다.

이에 반해서 이익사회는 시장과 같이 개인의 권리나 이익추

구가 중시되며 이성에 의한 합리성이 지배하는 사회이다. 공동
사회에서는 모든 인간에게 공통적인 본질적인 의지가 지배하는
반면에, 이익사회에서는 개인들이 목적과 수단을 자의적으로
선택할 수 있는 의지가 지배한다. 전자를 '본질의지'라고 하는
반면에, 후자를 '선택의지'라고 한다. 우리는 여기서 퇴니스가
말하는 공동사회는 리콴유가 말하는 아시아적 가치와 매우 유
사함을 간파할 수 있으며, 또한 본질의지는 리콴유가 지속적으
로 강조하는 '기본'(basics)과 유사함을 간파할 수 있다. 리콴유
가 아시아적 가치의 핵심이라고 주장하는 가족과 가족 구성원
들 사이의 연대의식 그리고 연고주의 등은 사실 세계 보편사적
가치이었다. 비단 아시아뿐만이 아니라 서구사회를 포함한 지
구상의 모든 사회는 산업화된 자본주의 사회가 도래하기 이전
에는 공동사회이었다. 그러다가 서구사회가 먼저 이익사회로
이행하게 됐을 뿐이며, 다른 한편 전 지구적인 산업화와 더불
어 세계 도처에서 이익사회에로의 이행이 진행되고 있다. 앨빈
토플러도 서구사회 역시 산업사회 이전의 농경시대에는 아시아
적 가치와 마찬가지로 가족간의 유대가 돈독했다고 주장한다.

　서구가 산업 자본주의와 더불어 공동사회에서 이익사회로
이행하는 것에 대해서 완강하게 저항한 커다란 두 개의 지적-
사상적 조류가 있었으니, 낭만주의가 그 하나요, 사회주의가
또 다른 하나이다. 낭만주의자들은 중세로 회귀함으로써 자본
주의가 초래한 인간 문화와 정신의 타락과 파괴를 복원하려고
시도하였으며, 또한 사회주의자들은 이익사회가 지배하는 자본

주의 체제를 역사철학적으로 극복하고 공동사회가 지배하는 사회주의와 공산주의를 건설하고자 시도하였다. 어찌 되었든 간에, 아시아적 가치를 동양의 특수한 가치로 보기는 대단히 어려운 것이다. 미국 국무부의 동아시아 담당 차관보를 역임한 바 있는 리처드 홀부르크는 아시아적 가치는 그 수사(修辭)의 장막 뒤에 수상쩍은 재무제표를 숨겨 놓았다는 주장을 편다.. 아시아적 가치는 비민주적인 권위주의적 정권이나 개발독재를 정당화하는데 악용될 수 있다는 것이다.

리콴유는 문화는 천명이자 숙명이라는 대전제에서 출발한다. 문화란 변화하지 않기 때문에, 그 전통 속에서 살아가는 사람들은 이를 부정하거나 거역할 수 없다는 것이다. 바로 그런 이유로 서구의 문화에 깊숙이 뿌리를 내리고 있는 서구적 가치는 동양인들에게는 적합하지 않다는 것이다. 결국 그들이 받아들여야 하는 천명이자 숙명은 다름 아닌 아시아적 가치라는 것이다. 그렇다면, 우리는 다음과 같이 질문을 던질 수 있다. 조선시대에는 과부들이 수절했으니까, 오늘날도 과부들은 수절해야 하는가? 그들은 이것을 문화적 전통으로서 천명과 숙명으로 받아들여야 한단 말인가? 이것이 가족을 중시하는 집단주의적인 아시아적 가치란 말인가? 그리고 조선시대에는 사회적으로 양반, 중인, 평민 및 노비를 구별하고 차별했으니까, 오늘날에도 그렇게 해야 하는가? 그렇지 않다. 요즈음에는 전근대적인 정조 이데올로기를 강요할 수 없으며, 또한 전근대적인 신분질서를 강요할 수 없다. 왜 그럴까? 문화는 고정불변이 아니라 시대와 상황에 따라서 변화하기 때문이다.

미국의 정기간행물 "포린 어페어즈" (Foreign Affairs)의 1994
년 3·4월호에서 리콴유와 인터뷰를 한 파뤼드 쟈카리아 편집장
은 문화는 변한다고 단호히 주장하면서 리콴유를 강도 높게
비판하고 있다. 그는 말하기를, "문화는 변한다. 경제적 성장,
기술적 변화, 사회적 변형의 충격 속에서 어떤 문화도 동일하
게 머물 수는 없는 것이다. 리콴유가 동양 문화의 속성이라고
파악하고 있는 것은 한때 서양의 일부였다. 4백년에 걸친 경제
적 성장이 세상을 바꾼 것이다. 영국의 경제적 붐이 막 시작되
었을 때, 많은 영국 사람들은 나라가 부자가 되면서 도덕적,
윤리적 기초를 잃을 것이라고 우려했었다.

1770년 올리버 골드스미스는 '부는 축적되고 인간은 타락한
다'라고 썼다. 리콴유가 피하려는 것은 바로 그 '타락'이다. 그
는 오늘날 동아시아 사람들이 열광적으로 종교를 추구하는 것
에 대해서 말한다. 그는 비록 그렇게 말하진 않았지만, 서구에
대한 유교적 대안을 모색하는 것 역시 이러한 열광적 추구의
일종이다."32)

독일에서도 급격하게 산업화가 진행되고 경제가 성장하던
19세기 후반기에 비슷한 현상이 관찰된다. 당시 지식인들은 자
본주의를 문화의 타락과 파괴의 원인이라고 비판하였다. 자본
주의적 산업사회는 이상적이고 정신적인 문화적 삶을 통속적

---

32) 이승환, 앞의 책, 48-49쪽.

인 경제적 유물론으로 대체시켜 버렸고, 또한 전문화와 노동 분업은 개인과 그의 인격 및 삶을 점점 더 단편적이고 일면적으로 만들어 버린다. 그리고 자본주의적 계급사회에서는 여러 사회집단들 사이에 점점 더 많은 갈등, 모순 및 투쟁이 존재하게 된다. 이 같은 인식에 의해서 당시 독일의 지식인들은 문화 (Kultur; culture)와 문명 (Zivilisation; civilization)을 구분한다. 전자는 정신적이고 이상적인 것인데 반하여, 후자는 물질적이고 경제적인 것이다. 전자는 높은 차원의 것인데 반하여, 후자는 낮은 차원의 것이다. 자본주의와 산업사회의 발달은 고차원의 문화가 저차원의 문명에 의해서 대체되는 결과를 초래하게 되었다는 것이 독일 지식인들의 비판인 것이다.

이렇듯 영국이나 독일의 경우에서 볼 수 있듯이, 서구인들 역시 산업화와 경제발전과 더불어서 아시아적 가치와 유사한 것에 대한 향수를 지니고 있었다. 문화가 변했다는 이야기가 된다. 단지 아시아에서는 산업화와 자본주의의 역사가 서구만큼 길지 않고 철저하게 진행되지 못한 관계로 전통적인 문화가 서구만큼 근본적으로 변하지 못했을 따름이다. 그래서 아직도 가족주의적이고 집단주의적인 공동사회가 존재하고 있다. 하지만 이것은 변할 수밖에 없다.

이 모든 역사적 사실에도 불구하고 리콴유는 문화란 변하지 않고 개인들의 사고와 삶과 행위를 지배하는 천명이나 숙명이라고 전혀 근거 없는 주장을 펴고 있다. 리콴유가 서구적 가치를 거부한 가장 중요한 실천적 이유 가운데 하나는 서구에서,

그 중에서도 특히 미국에서 쉽게 목격할 수 있는 도덕의 타락과 붕괴 현상이다.

민주주의와 인간의 존엄성 그리고 개인의 권리라는 가치를 중시하는 서구의 문화는 필연적으로 총기사용, 약물 및 마약의 복용, 폭력의 난무, 부랑인들의 활보와 난동, 공격적인 구걸, 노상방뇨, 공공장소에서의 무례한 행위 등과 같은 도덕적 타락과 붕괴를 초래했다는 것이 그의 견해이다. 거기서는 개인들 사이에 투쟁이 벌어지고 아나키즘이 지배하는 자연 상태가 전개된다. 결국 개인들의 자유란 있을 수 없다. 그리고 시민사회의 존립이 어려워진다. 하지만 이점에서도 리콴유의 논리는 여러 가지 치명적인 오류를 내포하고 있다. 우리는 여기서 우선 민주주의와 인권과 같은 서구적 가치는 이미 수천 년 전부터 서구에 존재해온 가치가 아니라는 사실을 직시해야 할 것이다. 이들 가치는 어디까지나 근대에 와서 발전하고 정착된 가치일 따름이다. 어디까지나 근대적인 가치일 따름이다. 먼저 도시와 화폐경제의 발달, 자본주의와 시장의 발달 그리고 다양한 사회적 관계와 상호작용 그리고 다양한 사회적 집단과 제도의 발달과 같은 사회경제적 측면의 변화가 민주주의와 인간의 존엄성 및 개인의 권리와 같은 가치를 발생시킨 일차적 요인이었다. 또 다른 한편 중세 이후 등장한 일련의 정신사적 사건과 과정들, 예컨대 르네상스, 종교개혁 및 계몽주의가 서구적 가치가 튼튼히 뿌리를 내리는데 필요한 형이상학적-이념적 토대를 제공해주었다.

리콴유가 지적한 대로, 민주주의와 인권과 같은 가치를 중시
하는 근대 서구의 문화에는 분명히 방금 열거한 바와 같은 여
러 가지 도덕의 타락과 붕괴 현상이 나타난다. 하지만 한 가지
중요한 사실은 이들 현상은 수천 년에 이르는 서구의 역사 전
반에 걸쳐서 나타나는 것은 아니라는 점이다. 어디까지나 산업
화된 근대 서구에 특유한 현상일 따름이다. 고대 그리스와 로
마 그리고 중세에도 도덕의 타락과 붕괴는 얼마든지 관찰할
수 있는 문제이다. 다만 구체적인 모습은 근대와는 근본적으로
다르다. 예컨대 서양 중세에서는 신을 믿지 않거나 신을 모독
하는 것만큼 커다란 도덕적 타락과 붕괴는 생각할 수 없었다.
따라서 오늘날 서구사회에서 관찰할 수 있는 도덕적 타락과
붕괴를 단순히 서구문화에서 유래하는 것으로 보고, 이것을 이
른바 '기본'이 튼튼한 동양문화에서 유래한다고 보는 '도덕적
건전성'과 대비시키고자 하는 시도는 전혀 설득력이 없다. 너
무 도식적이고 이분법적인 논리이다.

김대중 전 대통령은 미국의 정기간행물 "포린 어페어즈"
(Foreign Affairs)의 1994년 3·4월호에 "문화는 숙명인가? 아시아
의 비민주주의적 가치의 신화"라는 글을 기고했는데, 이 글은
같은 잡지에 실린 리콴유의 인터뷰인 "문화는 숙명이다"에 대
한 비판의 글이다. 김 전 대통령은 이 글에서 도덕의 타락과
붕괴 현상은 "서구문화의 본질적 단점에 기인한 것이 아니라
산업사회에 기인하는 것"이라고, 매우 설득력 있는 견해를 피
력하고 있다. 이와 같은 현상은 이제 아시아의 신흥 산업화 사

회에서 일어나고 있다. 싱가포르에 시민들을 통제하기 위한 전
체주의와 흡사한 경찰국가가 필요했다는 사실은 정부가 가족
의 사안을 간섭하지 않고 가만히 두기만 하면 모든 것이 잘
될 것이라는 리콴유씨의 주장을 강하게 반증하고 있다. 산업사
회의 병폐를 치유하는 적절한 방법은 경찰국가의 공포에 의한
강요된 침묵이 아니라 윤리교육을 강조하고 정신적 가치를 높
이 평가하고 문화예술의 수준을 높이는 정책이다.”33) 산업사회
는, 그것이 서구이든 동양이든 상관없이 모두 산업사회에 적합
한 문화가 필요하다는 논지이다. 바로 그 바탕 위에 새로운 가
치와 도덕을 구축해야 한다는 논리이다. 다름 아닌 민주주의와
인권의 존엄성과 개인의 권리가 그것이다. 이것은 산업사회의
문화적 기반이자 진정으로 추구할 만한 가치이며, 또한 개인들
의 도덕적 삶과 행위의 근간이 된다.

　아시아적 가치는 민주주의와 인권 등 서구적 가치의 보편성
을 부정한다. 서구적 가치는 서구사회에나 적용되는 특수성을
지니고 있다. 따라서 서구문화에서 발달된 이면이나 제도는 서
구와 다른 문화권에서는 보편적으로 수용될 수 없다는 것이다.
리콴유는 문화의 특수성을 숙명이라고 본다.

　우리는 보편성과 특수성에 대해서 이야기할 때, 흔히 전자가
바람직하냐, 아니면 후자가 바람직하냐를 따지는 경향이 있다.
이는 가치를 개입시키고 가치를 판단하는 논의이다. 이 같은

---

33) 위의 책, 55쪽.

논의가 전혀 무의미한 것은 물론 아니다. 하지만 우리는 여기서 가치중립적인 입장에서 보편성과 특수성에 대해서 논하기로 한다. 순수하게 논리적인 관점에서 보면, 보편성이란 모든 대상에 예외 없이 적용되는 것을 의미한다. 이에 반해서 특수성이란 어느 특정한 대상에만 적용되는 것을 의미한다. 자연과학의 논리는 보편성을 띠지만, 사회과학의 논리는 특수성을 띠는 경우가 많다. 예컨대, 만유인력의 법칙은 영국의 뉴턴에 의해서 발견된 진리이지만, 영국에서 뿐만이 아니라 전지구상에서 보편적으로 적용된다. 이에 반해서 서구에서 발전한 사회과학 이론을 역사적-문화적 전통이 다르고 사회 구조와 체계가 다른 나라에 그대로 적용시키면 엄청난 무리가 따르게 될 것이다.

보편성과 특수성에 대한 우리의 논의를 위해서 가치나 논리보다 더 중요한 관점은 삶과 행위이다. 우리가 생존하고 경쟁에서 살아남기 위해서는 그것이 우리가 원하든 아니든, 우리의 문화적 전통에 부합하든 아니든, 반드시 수용해야 하는 그 무엇인가가 있을 때, 우리는 그것을 가리켜 보편성을 띤다고 말한다. 따라서 보편성이란 숙명이다. 그러므로 리콴유가 주장하는 바와는 정반대로, 특수성은 숙명이 될 수 없다. 예컨대 전쟁이 그러하다. 어느 나라든 전통적으로 활과 칼을 주무기로 하는 전쟁문화 속에서 살았다는 이유로 서구에서 발전한 근대적 전쟁문화를 거부한다면, 그 나라는 모든 전쟁에서 패배하고 결국에는 나라를 빼앗길 수밖에 없을 것이다.

따라서 근대 서구의 전쟁문화는 보편성을 띨 수밖에 없다. 근대적 전쟁문화가 숙명이지, 전통적 전쟁문화는 숙명이 아니다. 그리고 자본주의 또한 그러하다. 어느 나라가 전통적으로 농업경제의 국가이었다는 이유로 자본주의 경제를 거부한다면, 그 나라는 다른 나라와의 경쟁에서 결코 살아남을 수 없을 것이다. 이제 자본주의는 전 지구적으로 보편적인 경제체제가 될 것이고, 모든 나라가 숙명으로 받아들일 것이다.

그런데 여기서 한 가지 매우 흥미로운 사실은 서구적인 민주주의와 인권을 배척하는 리콴유도 자본주의만은 적극적으로 수용한다는 점이다. 그는 자본주의가 보편적이란 사실을 누구보다도 잘 알고 있고, 이를 숙명으로 받아들이고 있다. 이제 리콴유가 서구적 가치이기 때문에 권위주의적 문화가 숙명인 동아시아에는 적합하지 않다고 거부하는 민주주의를 실례로 들어보자. 먼저 민주주의가 바람직하냐 아니면 권위주의가 바람직하냐 하는 질문에 대해서는 객관적인 답변을 할 수 없다. 이는 어디까지나 주관적인 문제이기 때문이다. 아무리 민주주의가 좋은 제도라고 말해도, 내가 권위주의를 선호하면 그만이다. 그 다음으로 민주주의는 사실 아직까지 논리적으로 보편성을 획득하기 힘들다. 왜냐하면 서구와 문화적 전통이 상이한 타문화권의 사회에서는 민주주의보다 권위주의가 훨씬 더 효율적으로 작동하기 때문이다.

그럼에도 불구하고 오늘날 민주주의는 보편타당한 진리로 간주된다. 민주주의는 비록 불과 수백 년 전에 근대 서구에서

발생했지만, 그 동안의 학습을 통해 산업화되고 자본주의 화
(化)된 근대 개인주의 사회에 가장 선택적 친화력을 지닌 삶과
행위의 방식이자 제도라는 사실이 입증되었기 때문이다. 결과
적으로 어느 나라든, 비록 문화적으로 전혀 민주주의의 전통이
없을지라도, 오늘날 민주주의를 받아들이지 않을 수 없게 되었
다. 우리는 이 논의의 맥락에서 김대중 전 대통령의 주장에 귀
를 기울일 필요가 있을 것이다. 그는 말하기를, "문화는 반드
시 우리의 숙명일 수만은 없다. 민주주의가 우리의 숙명인 것
이다."[34] 마치 자본주의가 우리의 숙명인 것처럼 말이다. 김대
중 전 대통령의에 견해에 의하면, "민주주의는 이제 치열한 경
쟁의 시대로 접어든 세계 경제 질서에서 살아남기 위한 생존
의 문제"이다. 아시아에서는 앞으로 경제만 발전하고 성장할
뿐만이 아니라, 민주주의도 더욱 더 활성화될 전망이다. 후자
가 없이는 전자도 불가능할 것이다. 왜냐하면, "아시아 국가들
의 경제가 자본과 농업 집약적인 산업체제에서 정보와 기술
집약적인 체제로 변해가고 있기" 때문이다. "전문가들에 의하
면 이 같은 새로운 세계 경제 질서 아래서 성공하기 위해서는
자유가 보장되어 정보가 물 흐르듯이 막힘없이 흐를 수 있어
야 하며, 창의력이 발휘되어야만 한다. 그것은 민주적 사회에
서만 가능한 것이다. 따라서 민주주의를 실행하는 방법 외엔
아시아에는 그 어떤 실질적 대안도 없다."[35] 비록 민주주의가

---

34) 위의 책, 64쪽.
35) 위의 책, 59-60쪽.

아시아의 역사나 문화와는 거리가 먼 서구에서 발생하고 발전
했지만, 이제는 아시아도 거역할 수 없는 숙명이 되었다는 것
이다. 그리고 바로 거기에 민주주의의 보편성이 존재한다는 것
이다.

　인권 역시 그러하다. 전근대 동아시아 사회에서는 오늘날과
같은 의미의 인간의 존엄성과 개인의 권리와 같은 이념은 존
재하지 않았다. 삼강오륜이 잘 보여주듯이 유교는 개인윤리라
기보다 관계윤리 또는 사회윤리의 한 형식이다. 모든 사람은
개인적 자아가 아니라 사회적 자아를 뜻한다. 개인은 궁극적으
로 가족이나 국가라는 초개인적 실체의 유기적-기능적 구성요
소로서 가치와 의미를 갖게 된다. 인간은 사회 안에서 다른 인
간에 의하여 하나의 공동체적 인간으로 태어난다고 유교는 가
르친다. 하지만 서구에서도 동양에서와 마찬가지로 근대 이전
에는 엄밀한 의미에 있어서의 인권의 개념은 존재하지 않았다.
이것은 어디까지나 도시와 화폐경제와 시장이 발전하며, 자본
주의와 산업화가 진행되면서 개인들이 전통적인 종교적 지배
와 봉건적 속박과 지배로부터 해방된 결과이다. 이제 집단주의
대신에 개인주의가 등장하게 된다. 중세이후의 서구의 위대한
역사적 사건이자 과정인 르네상스와 종교개혁 그리고 계몽주
의 등은 바로 인간의 존엄성과 개인의 권리 그리고 개인주의
를 위한 투쟁이다. 결국 인권 역시 민주주의와 마찬가지로 근
대 서구의 역사적 산물인 것이다. 이렇듯 인권이란 결국 근대
서구라는 역사적 특수성과의 밀접한 관련 속에서 이해할 수

있는 가치이지만, 오늘날에는 그 누구도 그리고 그 어느 사회
도 당연히 인정하고 수용해야 하며 정착시켜야만 하는 보편타
당한 진리로 간주된다. 인권이야말로 산업화 되었고 자본주의
화 되었으며, 또한 민주주의화 되었고 개인주의화 된 현대사회
에 가장 적합한 이념이자 가치가 되었다. 가족과 교회 또는 국
가가 개인보다 우선시되고 중시된 그 이전 사회에는 인권이란
이념이나 가치는 잘 들어맞지 않는다. 거기서는 개인적 자아의
이념이나 가치보다는 사회적 자아의 이념이나 가치가 더 잘
부합되고, 또한 더 잘 기능하고 작동할 것이다.

　우리가 오늘날 아랍 국가들이 성전이라고 주장하는 테러를
비난하고 비판할 수 있는 근거도 다름 아닌 인권이라는 개념
에 존재한다. 테러는 오늘날 보편타당한 진리로 간주되는 인간
의 존엄성과 개인의 권리를 무시하고 무고한 사람들을 다치게
하고 죽이기 때문에 비난을 받고 비판을 받는 것이다. 설령 그
것이 아무리 위대하고 신성하며 거룩한 이념이나 가치 또는
목적을 위한다고 할지라도, 아니 설령 신의 이름들 들이댄다고
해도 용납될 수 없다. 왜냐하면 그 어떠한 것도 인간의 존엄성
과 개인의 권리보다 우선할 수 없고, 또한 이를 대신할 수 없
기 때문이다.

　그리고 싱가포르에서 오늘날도 자행되고 있는 태형이 비난
을 받고 비판을 받는 것은 다름 아닌 인간의 존엄성과 개인의
권리 때문이다. 태형의 대상인 몸은 존엄성과 권리를 지니는
개인의 인격을 구성하는 일부분이기 때문에, 국가의 권력이 이

에 함부로 고통을 가하거나 이를 함부로 훼손할 수 없다. 그래서 오늘날에는 전근대 사회에서는 중요한 형벌의 수단으로 간주되던 고문을 엄격하게 금지하고 있다. 그보다 국가는 죄를 지은 사람의 몸을 가두어서 그의 자유를 제한한 채로 재사회화를 시도한다. 죄수는, 그가 설령 극악무도한 살인죄를 저질렀다고 할지라도, 그의 인권과 인격은 존중된다. 바로 이것이 근대적인 인간의 존엄성과 개인의 권리에 대한 이념이자 가치인 것이다.

리콴유의 아시아적 가치는 그가 싱가포르를 자기 자신의 취향대로 디자인하고 인테리어를 하기 위해서 만들어낸 허구에 다름 아니다. 그가 말하는 아시아적 가치는 심지어 "근거가 없을 뿐만이 아니라 자사(自私, self-serving)적인 견강부회"라는 혹평을 받고 있기도 하다.[36) 먼저 리콴유는 아시아적 가치는 전근대적인 가족주의와 연고주의를 고수하려는 시도라고 볼 수 있다. 리콴유는 개인주의에 바탕을 두는 합리주의 정신, 투명성, 시장원리, 개인존중과 같은 가치는 서구적 가치인 관계로 동아시아에서는 받아들일 수 없다는 입장을 견지한다. 그런데 『역사의 종언』(End of History)의 저자인 프랜시스 후쿠야마는 아시아적 가치는 서구적 가치와 접목되어야 한다는 주장을 펴는데, 우리는 그의 주장에 동의할 수 있다. 후쿠야마는 아시아적 가치의 존재는 인정하지만, 그것이 사회발전에 긍정

---

36) 위의 책, 53쪽.

적인 역할을 하기 위해서는 그 자체로는 부족하고, 서양의 고유한 가치를 접목시켜야 한다고 본다.

우리는 아시아 국가들에 심각한 연고주의로 인해 합리성이 결여되어 있고, 이것이 아시아에 경제위기가 도래하는데 어느 정도 영향을 미쳤다는 사실을 부인할 수 없다. 이런 점으로 미루어 볼 때, 아시아적 가치에 대한 후쿠야마의 비판은 시사하는 바가 적지 않다. 사실 아시아적 가치는 연고주의 및 이와 밀접한 관련이 있는 온정주의와 같은 전통적인 것에 바탕을 두고 있기 때문에 합리주의와 같은 근대성이 크게 결여되어 있다.

아시아적 가치는 시사하고 의미하는 바가 큰 것이 분명한 사실이지만, 다른 한편 그 자체만으로는 현대사회의 정신적 토대로 기능하기에는 부족한 것 또한 분명한 사실이다. 현대사회의 토대는 현대에서 찾아야지, 전통에서 찾아서는 안 된다. 전통을 오늘날에 살리는 경우에도 어디까지나 현대를 바탕으로 해야 한다. 그렇지 않은 경우에는 시대착오적인 결과를 초래하게 될 것이다. 그리고 리콴유가 주장하는 아시아적 가치는 민주주의를 억압하고 인권을 탄압하면서 권위주의적 전체주의를 고수하려는 반동적이고 퇴행적인 시도라고 볼 수 있다. 리콴유가 건설한 싱가포르에서는 심지어 껌을 씹는 것, 침 뱉는 것, 담배 피우는 것, 쓰레기 버리는 것 등과 같은 지극히 사소하고 개인적인 행위까지도 매우 엄격하게 규제하여 조지 오웰의 극단적 사회공작 (social engineering)을 방불케 한다.[37]

아시아적 가치에 기반을 두고 있는 싱가포르 정부는 시민들을 엄격히 통제하는 매우 엄한 가부장이다. 아시아적 가치를 추구하는 싱가포르는 공포정치를 자행하는 병영사회와 경찰국가를 구축하였다. 싱가포르의 사회질서는 서구와 같이 성숙한 시민의식과 윤리의식에서 비롯되는 것이 아니라, 어디까지나 시민들이 침묵하기 때문에 가능한 것이다.

아시아적 가치의 논리는 상황윤리나 문화적 상대주의와 같이 보편성과 보편적인 진리를 배격하고, 싱가포르의 권위주의적이고 전체주의적인 병영사회와 경찰국가에 의해 자행되는 반인륜적 범죄를 정당화하는 도구와 수단으로 사용되었다. 싱가포르에서의 공포정치를 통한 인권탄압은 아시아적 가치로 정당화되었고, 이는 가시적이고 비약적인 경제성장으로 보상되는 듯이 보인다. 하지만 싱가포르 국민들의 일상생활은 실상 아시아적 가치와는 거리가 멀다. 그들의 내면은 오랜 기간 영국의 식민지 지배를 받아서 그런지는 몰라도 상당히 서구화되어 있다. 겉은 동양인이지만, 속은 서양인인 것이다. 그래서 싱가포르인들은 흔히 바나나에 비유된다. 겉으로는 노란 황인종이지만, 속으로는 하얀 백인의 사고방식을 갖고 있다는 말이다. 이 같은 비유는 싱가포르인들의 일상생활에는 아시아적 가치가 존재하고 기능하기 어렵다는 사실을 함의하고 있다.

아시아적 가치는 싱가포르의 민중과는 관계없고, 다만 집권

---

37) 위의 책, 54쪽.

층의 정치적 목적을 위해서 사용되는 수단일 뿐이다. 한국에서도 박정희 정권이 1970년대에 이른바 유신정권을 탄생시켰을 때, 한국적 민주주의라는 개념을 가지고 비 민주주의적이고 반인륜적인 군사 독재정권의 영구집권을 정당화하고 합리화하고자 했다. 서구에서 발생한 민주주의는 한국문화에 맞지 않기 때문에, 우리는 우리 실정에 적합한 한국적 민주주의가 필요하다는 것이다. 하지만 한국적 민주주의가 지향하는 목적은 싱가포르의 아시아적 가치가 지향하는 바와 마찬가지로 개인의 자유와 권리를 극도로 제한하고 집권자를 엄격한 가부장으로 하는 비 민주주의적이고 권위주의적인 전체주의 사회를 건설하는 것이었다. 당시 한국적 민주주의의 최대 수혜자는 한국의 권부이었다. 마찬가지로 싱가포르의 경우도 아시아적 가치의 최대 수혜자는 리콴유 정권이었다.

리콴유는 동아시아는 서구적 가치가 아니라 아시아적 가치를 추구해야 한다고 주장하면서 실상은 자본주의와 경제와 같은, 서구적인 너무나 서구적인 가치를 추구했다. 따라서 그가 말하는 아시아적 가치는 형용의 모순이요 논의의 모순에 지나지 않는다. 마치 박정희가 한국적 민주주의를 추구한다면서 실상은 비민주주의적인, 너무나 비민주주의적인 정치와 사회 질서를 추구한 것처럼 말이다. 박정희가 말하는 한국적 민주주의는 형용의 모순이요 논리의 모순에 지나지 않는다. 결국 리콴유와 박정희는 자신들의 정권유지를 위해서 아시아와 한국이라는 단어를 오용하였고 남용하였다.

　이 두 독재자가 지니는 또 한 가지 특성은 가시적인 경제성장을 추구했다는 사실에서 찾아볼 수 있다. 싱가포르와 한국의 권위주의적 정권은 진정한 의미에 있어서의 아시아적 가치나 한국적 민주주의를 모색함으로써가 아니라, 가시적인 경제성장을 통해서 정권의 정당성을 확보하고자 하였다. 당시 한국은 급속한 중화학공업의 발전으로 고도 경제성장을 이룩하였는데, 이는 결과적으로 독재정권의 정당성을 확보하는데 일익을 담당하였다. 이에 반해 싱가포르의 경우에는, 한국과는 달리, 토착자본과 기술 인력에 의한 산업화가 가능하지 않았기 때문에 외자유치를 통한 급격한 경제발전을 모색할 수밖에 없었다. 따라서 싱가포르 정부는 외자유치에 사활을 거는 것 이외에 다른 대안이 없었으며, 단시일 내에 고도의 경제성장을 달성하기 위해 개인의 자유와 인권을 극도로 통제하고 유린하였다. 싱가포르의 권위주의적 정권은 막강한, 아니 무소불휘의 국가권력의 힘으로 다국적 기업들이 투자하기 좋은 여건을 조성할 수 있었다. 예컨대 부정부패를 과감히 척결해서 깨끗하고 투명한 정부를 만들었고, 노동조합을 무력화시켜 연성노조로 만들었다. 싱가포르에는 노조가 존재하지만, 실제적으로 파업은 존재하지 않는다.

　싱가포르 정부는 다국적 기업들에게 안정감 있는 사회로 보이기 위해 과도한 벌금과 혹독한 처벌로 질서정연한 사회를 연출하였다. 깨끗한 거리를 유지하기 위해 심지어는 껌의 사용까지도 금하였다. 싱가포르의 깨끗하고 질서 있는 가든 시티의 이미지는 과도한 개인권리의 제한과 인권유린의 대가로 이룩된 것이다. 결국 싱가포르에 있어서의 아시아적 가치는 전체주의적 병영사회와 경찰국가를 지향하는데 요긴하게 사용되었는바, 사실 사회전체의 이익을 위한 이념이라기보다는 집권층을 위한 정치적 도구에 지나지 않았다.

한국의 박정희 정권과 마찬가지로 싱가포르의 리콴유 정권은 후진국 가운데 비약적인 경제성장을 이룩한 성공적인 사례로 손꼽힌다. 한국과 싱가포르의 경우는 저개발 국가에서 경제성장을 위해서는 권위적인 정권이 민주주의적인 정권보다 더 적합하다는 이론을, 아니 '신화'를 입증하는 좋은 사례로 꼽히고 있다. 하지만 최근에 나온 한 연구는 이것이 얼마나 잘못된 이론이며 얼마나 잘못된 신화라는 것을 적나라하게 보여주고 있다. "포린 어페어즈" (Foreign Affairs) 2004년 9·10월호에 실린 "민주주의가 우월한 이유"라는 논문을 보면, 1960년 이후 전 세계의 저개발 국가들 사이에서는 민주주의 체제가 경제발전과 삶의 질 향상에서 권위주의 체제보다 훨씬 우월한 것으로 나타난다. 그럼에도 불구하고 권위주의 체제가 민주주의 체제보다 경제발전에 더 적합하다는 잘못된 이론이, 아니 잘못된 신화가 반세기 가까이 학계와 정치권을 지배해 왔는데, 이 연구는 그 이유로 다음과 같은 세 가지를 제시하고 있다.

첫째는 경제발전이 광범위한 중산층을 배출하고, 이 계층의 정치 참여욕구가 민주화를 가능케 한다는 논리를 꼽을 수 있다.

둘째는 냉전 시기에 소련 쪽으로 넘어가지 않은 저개발 권위주의 정권들을 북돋워주기 위한 정치적 목적을 생각해볼 수 있다.

셋째는 한국과 싱가포르, 대만, 인도네시아 그리고 나중에 합류한 중국 등 일부 아시아 권위주의 국가들의 눈부신 경제성장과 민주화 경험을 거론할 수 있다.

그러나 실증적 통계자료를 보면, 지난 40년간 저개발 민주주의 국가들이 저개발 권위주의 국가들에 뒤지지 않고 경제성장을 한 것으로 나타났다. 한국과 대만 등 아시아 국가들을 제외한다면, 민주주의 국가들의 경제성장률이 오히려 50%나 높았다.

특히 삶의 질이라는 측면에서는 민주주의 국가들이 권위주의 국가들보다 훨씬 앞선 것으로 나타났다. 예컨대 평균수명은 8년이나 길었고, 중등교육 비율에서는 40%가 높았으며, 영아사망률에선 오히려 20%가 낮았다. 그렇다면 한국이나 싱가포르와 같은 나라의 경우는 어떻게 설명해야 하는가? 이 논문에 의하면, 한국이나 싱가포르 등의 사례는 권위주의 국가에서도 경제발전이 가능하다는 걸 보여줄 뿐이라는 것이다. 이 같은 논리를 따른다면, 싱가포르는 권위주의 국가이기 때문에 눈부신 경제성장을 이룩한 것이 아니라, 권위주의 국가임에도 불구하고 눈부신 경제성장을 이룩한 것이 된다. 결국, 싱가포르는 아시아적 가치라는 이념적-정신적 토대 때문에 눈부신 경제성장을 이룩한 것이 아니라, 그럼에도 불구하고 눈부신 경제성장을 이룩한 것이다. 어쩌면 그것은 몇 십 년이라는 짧은 기간에는 가능했을지도 모른다. 하지만 앞으로는 아시아적 가치와 같

은 비 민주주의적이고 반인륜적인 이념과 가치는 제대로 기능
할 수 없을 것이다. 왜냐하면 고도로 발전된 자본주의는 심지
어 껌 씹는 것처럼 사소한 일까지 감시하고 통제하며 처벌하
는 권위주의적이고 전체주의적인 병영사회와 경찰국가가 아니
라, 어디까지나 주체적인 다양한 개인들의 자율과 창조성을 필
요로 하기 때문이다. 이는 어디까지나 민주주의적 체제에서만
기대할 수 있다. 그래서 오늘날 민주주의는 숙명이다. 서구의
국가이든, 동양의 국가이든 상관없이 말이다.

　지금까지의 논의를 종합해 보면, 아시아적 가치란 결국 이론
적인 측면과 실천적인 측면 모두에서 허구라는 사실이 명명백
백하게 드러났다. 아시아적 가치는 아시아의 고유한 문화를 자
의적으로 해석해서 리콴유의 권위주의적 독재정치와 리씨 세
습왕조를 정당화하고 합리화하는 도구와 수단으로 악용되어왔
다. 그리고 아시아적 가치를 내세우는 리콴유는 실제에 있어서
아시아적 가치를 추구하지도 않았다. 싱가포르가 근대화 과정
에서 아시아적 가치라는 허울을 내세워서 추구한 바는 사실
서구적 가치이었다. 그것도 경제라는 가치만 추구했을 뿐이고,
민주주의나 인권과 같은 가치는 억압하고 탄압했다. 이들 가치
는 아시아적 가치가 아니라는 이유 때문이었다. 결국 싱가포르
는 절반만의 근대화를 추구한 것이다. 싱가포르 신화라는 퍼즐
을 구성하고 있는 마지막 조각은 허구라는 사실이 밝혀졌다.
결과적으로, 한국 사회에서 싱가포르의 신화는 탈(脫)신화화(神
話化)가 되어야 한다.

● 저자 ●

이용주

서강 대학교 경영학과 졸업
미국 University of Montana 경영학 석사(MBA)
미국 Michigan State University 노사관계학 석사, 사회학 박사
싱가포르 Nanyang Technological University 교수
(현) 안양 대학교 교양학부 연구교수

주요논저

「Korean Management System after the Asian Crisis: Restructuring the Korean chaebol」, 「싱가포르와 한국의 생명과학 산업발전의 비교연구」
「아시아 가치와 사회발전: 싱가포르의 빛과 그림자」, 「한국 산업화의 실체와 그 허상: 잘못 끼워진 첫 단추」
『Capitalism and Development』 (공저) 외 다수

김덕영

연세 대학교 사회학과 졸업 (독어독문학 부전공)
독일 괴팅겐 대학교 사회학 석사, 사회학 박사
괴팅겐 대학교 강사
독일 카셀 대학교 조교수 대우
독일 카셀 대학교 대학교수 자격(Habilitation)

주요논저

『Der Weg zum sozialen Handeln』, 『Georg Simmel und Max Weber』
『주체·의미·문화 - 문화의 철학과 사회학』, 『이론·경험·실천 - 인문사회과학 논리와 방법론 길잡이』, 『논쟁의 역사를 통해 본 사회학』
『위장된 학교』, 『세속화냐 탈세속화냐?』(역서)
『종교의 부흥과 세계정치』(공역) 외 다수

● 신화가 되어버린 **싱가포르**

● 초판 인쇄	2005년 3월 25일
● 초판 발행	2005년 3월 30일
● 저 자	이용주 / 김덕영
● 펴 낸 이	채종준
● 펴 낸 곳	한국학술정보㈜
	경기도 파주시 교하읍 문발리
	파주출판문화정보산업단지 526-2
	전화 031) 908-3181(대표)·팩스 031) 908-3189
	홈페이지 http://www.kstudy.com
	e-mail(e-Book사업부) ebook@kstudy.com
● 등 록	제일산-115호(2000. 6. 19)
● 가 격	22,000원

ISBN 89-534-2288-4 93910 (Paper Book)
　　　 89-534-2289-2 98910 (e-Book)